Karsten Schwanke ist studierter Meteorologe und als Moderator zahlreicher Rundfunk- und Fernsehsendungen hervorgetreten. Seit 1995 präsentierte er über zehn Jahre lang »Das Wetter im Ersten« und moderierte die ARD-Sendungen »Chamäleon« und »Kopfball«. Als Reporter für das ARD-Morgenmagazin berichtete er von der ersten weltweit live übertragenen Bergbesteigung aus dem Himalaja. Seit 2006 führt er durch die ZDF-Sendung »Abenteuer Wissen«.

Heike Rosbach studierte Literatur und Geschichte und hat einen reichen Fundus von Gedichten und Geschichten zum Thema Wetter eingebracht.

Karsten Schwanke
Mit Heike Rosbach

HEITER BIS WOLKIG

BLITZGESCHEITES UND KURIOSES ÜBER DAS WETTER

BASTEI LÜBBE

BASTEI LÜBBE TASCHENBUCH
Band 66430

1. Auflage: Juli 2009

Vollständige Taschenbuchausgabe
der bei Ehrenwirth erschienenen Hardcoverausgabe

Bastei Lübbe Taschenbücher und Ehrenwirth
in der Verlagsgruppe Lübbe

Lektorat: Regina Maria Hartig
Umschlaggestaltung: Kirstin Osenau
Titelbild: © Guido Ohlenbostel
Innengestaltung und Satz: Christina Krutz Design, Riedstadt
Autorenfoto: © Guido Ohlenbostel
Gesetzt aus der Oneleigh
Druck und Verarbeitung: CPI - Ebner & Spiegel, Ulm
Printed in Germany
ISBN 978-3-404-66430-6

Sie finden und im Internet unter
www. luebbe.de
Bitte beachten Sie auch: www.lesejury.de

Der Preis dieses Bandes versteht sich einschließlich
der gesetzlichen Mehrwertsteuer.

Für Natascha, die ich über alles liebe. Auch dafür, dass sie sich von mir immer wieder in die tief verschneiten Berge entführen lässt – trotz ihrer Vorliebe für Sonne und Wärme ...

Für Romy und Matteo, denen ich viele schneereiche Winter wünsche (in der Hoffnung, dass die beiden Zwerge die weiße Pracht genauso bezaubernd finden wie ihr Vater).

Vorwort

Ich bin ein Schneemensch. Interessanterweise behaupten das viele Meteorologen von sich. Frage nach dem Lieblingswetter – Antwort: »Schneesturm.« Etwas abgeschlagen kommt dann noch: »Heftiges Sommergewitter, Tornado wäre auch nicht schlecht.« Aber: Sonnenschein, 30 Grad??? Fehlanzeige. Obwohl auch Berufswetterfrösche im Sommer gern die Sonne suchen, den Strandurlaub buchen und abends mit einem Gläschen Rotwein auf der Terrasse sitzen. Doch dann denken wir nicht ans Wetter. Dann können wir uns auch mal über etwas anderes unterhalten. So ist es ja nicht.

Aber ein schöner Schneesturm wird niemals ignoriert. Er wird geradezu aufgesaugt, gefeiert, mit allen Sinnen begleitet. Auf jede Änderung wird geachtet: Was macht die Windrichtung, die Geschwindigkeit, Temperatur und Luftdruck? Stündlich könnte man hinausrennen, um die neue Schneehöhe zu messen – falls man nicht sowieso schon seit Ewigkeiten draußen steht und sich einschneien lässt. Immer in der Hoffnung, dass der Sturm ja noch stärker werden und noch mehr Schnee bringen könnte – alles andere wäre eine Enttäuschung.

Nun ist es keinesfalls so, dass wir Meteorologen zu Zahlensammlern und Statistikern mutiert wären. Der Genuss liegt für uns nicht in den Zahlen (sie liefern eher die Bestätigung für das Erlebte), sondern im Gucken und Dabeisein.

Und einen Schneesturm zu erleben ist nun mal eine ganz andere Hausnummer als ein blauer Himmel mit Sonnenschein. Wie oft habe ich schon davon geträumt, dass ich am nächsten Morgen das Haus nicht mehr durch die Tür verlassen könnte, sondern durch das Fenster im ersten Stock – direkt mit Skiern – in den Schnee fallen kann! (Als Kind wohnte ich in der dritten Etage – da reichte der Traumschnee entsprechend höher ...)

Dieses Buch soll Appetit machen auf den Genuss des Wetters. Es ist kein Lehrbuch, eher ein Genießer-Lesebuch. Reich bestückt mit vielen Erlebnissen – auch meinen eigenen – mit literarischen Wetter-Ergüssen und Wetter-Rezepten. Auf manche Erklärung wollte aber auch ich nicht verzichten. Etwa auf die der kryptischen Corioliskraft, die alle Hochs und Tiefs auf der Erde im Griff hat.

Dieses Buch ist im besten Sinne ein synoptisches Buch. Das alte griechische Wort »Synopse« heißt so viel wie »Zusammenschau«. Genau das tun Meteorologen jeden Tag: alle Daten, die sie über das Wetter zusammentragen können, auf den Tisch werfen, um ein möglichst umfassendes Bild von der Wetterküche zu bekommen.

Ich wünsche Ihnen viel Spaß mit dieser etwas anderen Zusammenschau, mit diesem etwas anderen Blickwinkel auf das Wetter. Und bitte um Nachsehen, dass ich auch in den schönen Sommer den Schnee reingemogelt habe, wenn auch nur den vom Südpol. Wie gesagt: Ich bin ein Schneemensch.

Ihr Karsten Schwanke

Er ist's

Eduard Mörike (1804–1875)

Frühling lässt sein blaues Band
wieder flattern durch die Lüfte;
süße, wohlbekannte Düfte
streifen ahnungsvoll das Land.
Veilchen träumen schon,
wollen balde kommen.
– Horch, von fern ein leiser Harfenton!
Frühling, ja du bist's!
Dich hab' ich vernommen!

Das Schöne am Frühling ist, dass er immer dann kommt,
wenn man ihn am dringendsten braucht.
Jean Paul (1763–1825)

Die Sonne – unser Wettermotor

Karsten Schwanke

Der Frühling beginnt am 21. März. Zu einer exakten Uhrzeit, die sich von Jahr zu Jahr verändert. Genau dann, wenn die Sonne senkrecht über dem Äquator steht, sich von der südlichen Halbkugel verabschiedet und mit ihrem Zenitpunkt auf die nördliche Halbkugel wechselt. Es ist der Tag, an dem Nordpol und Südpol gleichzeitig von den Sonnenstrahlen berührt werden, Tag und Nacht auf der ganzen Erde zwölf Stunden lang sind. Ab dem nächsten Tag ist alles anders: Bei uns werden die Tage länger, die Sonne gewinnt endgültig die Oberhand – der Winter geht zu Ende.

Die Sonne ist nicht nur die Grundlage des Lebens auf der Erde, sie ist auch der Hauptmotor unseres Wetters. Die grundlegenden Wetterkreisläufe lassen sich mit der Sonne erklären. Ich werde darauf großzügigerweise verzichten, denn sonst wäre dieses Buch dreimal so dick. Ich erinnere mich nur an meine erste Vorlesung, in der es um den »Ur-Antrieb« ging, um Gewitter am Äquator und warum die Sahara so ist, wie sie ist.

Stellen Sie sich vor, die Erde würde still stehen und sich nicht drehen (auf solche Ideen kommen nur Meteorologieprofessoren in der ersten Vorlesung – sie nennen das Gedankenexperiment). Die meiste Sonnenenergie bekommt der Äquator, am wenigsten die Pole. Die aufgeheizte Luft am Äquator steigt nach oben (weil warme Luft leichter ist). Die gekühlte Luft am Nordpol sinkt nach unten (weil schwerer). Dadurch ergibt sich ein einfacher Kreislauf: Am Erdboden fließt die Luft vom Nordpol weg (weil dort immer neue Luft nach unten fällt und die »alte« weg muss). Sie fließt nach Süden in Richtung Äquator (weil hier die aufsteigende Luft einen Sog am Erdboden entwickelt, der Umgebungsluft anzieht). In der höheren Atmosphäre bewegt sich die Luft genau umgekehrt: vom Äquator zum Pol. So weit so gut – zurück zur Realität. Unsere Erde steht nicht still. Sie dreht sich. Und dadurch funktioniert dieser große Kreislauf nicht, er wird durch die Erdrotation praktisch zerstückelt. Die Luft, die am Äquator aufsteigt, schafft es nur bis etwa zur Sahara, fällt dort zum Erdboden nach unten – und strömt zurück zum Äquator. Wolken bilden sich nun besonders gern dort, wo Luft aufsteigt (wie an Berghängen) und lösen sich auf, wenn Luft absinkt (wie an der Leeseite eines Gebirges, weshalb es dort immer trockener ist). Genau deshalb finden wir die größten Gewitterwolken der Welt am Äquator, wo die Luft aufsteigt – von der Sonne angetrieben. Und die größten Wüsten befinden sich allesamt dort, wo die Luft wieder absinkt und sich die Wolken auflösen: 30 Grad nördlich oder südlich des Äquators.

Im Winter trink ich und singe Lieder
aus Freude, dass der Frühling nah ist,
und kommt der Frühling, trink ich wieder,
aus Freude, dass er endlich da ist.
Friedrich Martin von Bodenstedt (1819–1892)

Die Jahreszeiten

Meyers Konversations-Lexikon, 1895

... die vier Zeitabschnitte Frühling, Sommer, Herbst und Winter, in welche das tropische Jahr nach der verschiedenen Stellung der Erde auf ihrer Bahn um die Sonne geteilt wird ... Infolge der verschiedenen Tageslängen und der verschiedenen Mittagshöhen der Sonne wird die Erdoberfläche durch die Sonnenstrahlen im Laufe der Jahreszeiten sehr verschieden stark erwärmt. Weil aber die größte Kälte nicht in der Zeit der kürzesten Tage und die größte Wärme in der Zeit der längsten Tage eintritt, so pflegt man die meteorologischen Jahreszeiten, welche auch für das bürgerliche Leben eingeführt sind, zu andern Zeiten als die astronomischen

Jahreszeiten zu rechnen. In Deutschland sowie in der nördlich gemäßigten Zone überhaupt fällt die größte Kälte auf die Mitte des Januar, von wann die Temperatur bis Mitte Juli steigt und dann wieder bis Mitte Januar abnimmt. Die Zu- und Abnahme der Temperatur erfolgt am langsamsten zur Zeit ihres Maximums und Minimums, am schnellsten zur Zeit der Äquinoktien. Wegen dieser Temperaturverhältnisse rechnet man die meteorologischen Jahreszeiten so, dass man die drei kältesten Monate Dezember, Januar, Februar als Winter, März, April, Mai als Frühling, die drei wärmsten, Juni, Juli, August, als Sommer und September, Oktober, November als Herbst bezeichnet.

Veronika, der Lenz ist da

Comedian Harmonists

Mädchen lacht, Jüngling spricht:
»Fräulein wolln Sie oder nicht,
draußen ist Frühling.«
Der Poet, Otto Licht,
hält es jetzt für seine Pflicht,
er schreibt dieses Gedicht:

Veronika, der Lenz ist da,
die Mädchen singen tralala.
Die ganze Welt ist wie verhext,
Veronika, der Spargel wächst!
Veronika, die Welt ist grün,
drum lasst uns in die Wälder ziehn.
Sogar der Großpapa sagt zu der Großmama:

»Veronika, der Lenz ist da,
Veronika, Veronika, der Lenz ist da!«

Der Herr Sohn, der Papa
schwärmen für Veronika,
das macht der Frühling.
Jeder klopft heimlich an,
jeder fragt sie: Wo und wann
komm' ich endlich mal dran?

Veronika, der Lenz ...

Der Gemahl sucht voll Schneid
Anschluss an die Stubenmaid.
Das macht der Frühling.
Seine Frau schickt er weg,
dann ruft er das Mädchen keck
und erklärt ihr den Zweck:

Veronika, der Lenz ...

Stiefel für horizontales Wetter

Lewis Carroll (1832–1898)

Ein lustig aussehender, fetter kleiner Mann in einem geblümten Morgenrock, der unter jedem Arm ein großes Buch trug, kam von der anderen Seite des Raumes angetrottet und ging stracks vorüber, ohne den Kindern auch nur die mindeste Beachtung zu schenken. »Ich suche Band drei«, sagte er. »Haben Sie ihn zufällig gesehen?«

»Sie haben meine Kinder nicht gesehen, Professor!«, rief der Gouverneur, griff ihn bei den Schultern und drehte ihn herum, sodass er ihnen das Gesicht zuwandte.

Der Professor lachte heftig: Dann starrte er sie ein, zwei Minuten durch seine großen Brillengläser schweigend an. Schließlich wandte er sich an Bruno. »Du hast hoffentlich eine gute Nacht gehabt, mein Kind?«

Bruno schaute verblüfft drein. »Ich hab dieselbe Nacht gehabt wie du«, antwortete er. »Seit gestern hat es nur eine Nacht gegeben!«

Nun war der Professor verblüfft. Er setzte die Brille ab und rieb sie mit seinem Taschentuch. Dann starrte er die Kinder abermals an. Darauf wandte er sich dem Gouverneur zu. »Sind sie angeleint?«, erkundigte er sich.

»Nein, sinn wir nich«, sagte Bruno, der sich durchaus für qualifiziert hielt, diese Frage zu beantworten.

Der Professor schüttelte traurig den Kopf. »Nicht mal in Halbleinen?«

»Warum solln wir halb in Leinen gehn?«, sagte Bruno. »Wir iss doch kein Bettler!«

Aber der Professor hatte sie inzwischen ganz vergessen und sprach weiter mit dem Gouverneur. »Das wird Sie freuen zu hören«, sagte er, »die Barometersäule ist dabei, sich zu bewegen –«

»Schön, und in welche Richtung?«, fragte der Gouverneur – und er fügte, zu den Kindern gewandt, hinzu. »Nicht, dass es mich sonderlich interessiert. Nur er glaubt nun mal, das beeinflusse das Wetter. Er ist nämlich ein enorm gescheiter Mann. Manchmal sagt er Sachen, die nur der andere Professor versteht. Dann wieder sagt er etwas, das keiner verstehen kann. Wohin bewegt es sich, Professor? Auf oder ab?«

»Weder noch!«, sagte der Professor und klatschte die Hände sacht zusammen. »Es geht seitwärts, wenn ich mich so ausdrücken darf.«

»Und welches Wetter hat das zur Folge?«, fragte der Gouverneur. »Hört zu, Kinder! Nun könnt ihr etwas Wissenswertes erfahren!«

»Horizontales Wetter«, sagte der Professor, stürzte stracks auf die Türe zu und stolperte beinahe über Bruno, der gerade noch aus dem Weg hasten konnte.

»Ist er nicht gelehrt?«, sagte der Gouverneur und sah ihm mit bewundernden Blicken nach. »Er läuft vor Gelehrtheit tatsächlich über!«

»Aber er brauch' nich' über mir zu laufen!«, protestierte Bruno. Der Professor war gleich wieder zurück: Er hatte seinen Morgenmantel gegen einen Gehrock getauscht und ein paar seltsam anmutende Stiefel angezogen, deren Stulpen aus aufgespannten Regenschirmen bestanden. »Ich habe mir gedacht, das würde Sie interessieren«, sagte er. »Das sind die Stiefel für horizontales Wetter!«

»Aber was haben die Schirme an den Knien für einen Sinn?«

»Bei normalem Regen wären sie nicht besonders sinnvoll«, gestand der Professor ein. »Aber wenn es jemals horizontal regnen sollte, verstehen Sie, dann wären sie unbezahlbar — einfach unbezahlbar!«

... die schöne Jahreszeit,
in der der Winterschlaf aufhört und
die Frühjahrsmüdigkeit beginnt.
Emanuel Geibel (1815–1884)

... Veilchen an den Wiesenbächen
Lösen ihrer Schale Band;
Primelngold bedeckt die Flächen;
Zarte Saatenspitzen stechen
Aus den Furchen; gelber Krokus
Schießt aus warmem Gartensand.
Johann Gaudenz von Salis-Seewis (1762–1834)

Der Frühling ist eine echte Auferstehung,
ein Stück Unsterblichkeit.
Henry David Thoreau (1817–1862)

Regenarten

Ein *Dauerregen*, auch *Landregen* genannt, ist – wie der Name schon sagt – ein lang anhaltender Regen. In unseren Breiten sprechen meteorologische Lehrbücher von Dauerregen, wenn der Niederschlag mit einer Intensität von mehr als 0,5 Millilitern pro Stunde mindestens sechs Stunden lang anhält. Da das zu Hause keiner nachmessen will (und kann), dürfen Sie auch schon nach gefühlten drei Stunden von Landregen sprechen ...

Eisregen ist ein Niederschlag aus Eiskörnchen. Diese entstehen, wenn Regentropfen oder geschmolzener Schnee eine kalte Luftschicht passieren und dabei gefrieren.

Bei *gefrierendem* oder *unterkühltem Regen* handelt es sich um Regentropfen, die tatsächlich »unterkühlt« sind, deren Temperatur also unter 0 Grad liegt, die aber nichtsdestotrotz noch flüssig sind. Erst wenn die Tropfen auf eine Oberfläche auftreffen, gefrieren sie, und zwar auf der Stelle, und führen so zu gefährlichem Glatteis.

Niesel- oder *Sprühregen* ist ein Niederschlag aus winzig kleinen Tropfen, die einen Durchmesser von weniger als 0,5 Millimetern haben. Mit Nieselregen ist häufig auch nebliges Wetter verbunden.

Zu einem *Platzregen*, einem *Regenschauer* (oder – berlinerisch – zu einer *Husche*) kommt es meistens, wenn kalte Luftmassen auf feuchtwarme Luftmassen treffen (an einer sogenannten Kaltfront). Die kalte (und schwere) Luft fließt wie ein zäher Sirup unter die warme (leichtere) Luft und drückt diese nach oben. Dabei kühlt sich die wärmere Luft ab, Quellwolken schießen in die Höhe, und großtropfiger Regen pladdert zur Erde. Und wenn nicht an einer Kaltfront, dann vielleicht in schwülwarmer Sommerluft: Wenn sich nach einem sonnigen Sommertag gegen Abend die Wolken auftürmen, dann sind Platzregengüsse und manchmal auch Gewitter nicht weit.

Der *Starkregen* ist eine besonders kräftige Variante der oben erwähnten Regenarten. Ab einer Niederschlagsmenge von 10 Millimetern pro Stunde spricht man von Starkregen. Je schneller und intensiver der Regen ist, desto mehr steigt die Gefahr von Überflutungen. Im Zuge des Klimawandels wird es in Zukunft auch bei uns immer häufiger Starkregenereignisse geben.

Schönheit und Schwermut der Wolken

Hermann Hesse (1877–1962)

Berge, See, Sturm und Sonne waren meine Freunde, erzählten mir und erzogen mich und waren mir lange Zeit lieber und bekannter als irgend Menschen und Menschenschicksale. Meine Lieblinge aber, die ich dem glänzenden See und den traurigen Föhren und sonnigen Felsen vorzog, waren die Wolken.

Zeigt mir in der weiten Welt den Mann, der die Wolken besser kennt und mehr lieb hat als ich! Oder zeigt mir das Ding in der Welt, das schöner ist, als Wolken sind! Sie sind Spiel und Augentrost, sie sind Segen und Gottesgabe, sie sind Zorn und Todesmacht. Sie sind zart, weich und friedlich wie die Seelen von Neugeborenen, sie sind schön, reich und spendend wie gute Engel, sie sind dunkel, unentrinnbar und schonungslos wie die Sendboten des Todes. Sie schweben silbern in dünner Schicht, sie segeln lachend weiß mit goldenem Rand, sie stehen rastend in gelben, roten und bläulichen Farben. Sie schleichen finster und langsam wie Mörder, sie jagen sausend kopfüber wie rasende Reiter, sie hängen traurig und träumend in bleichen Höhen wie schwermütige Einsiedler. Sie haben die Formen von seligen Inseln und die Formen von segnenden Engeln, sie gleichen drohenden Händen, flatternden Segeln, wandernden Kranichen. Sie schweben zwischen Gottes Himmel und der armen Erde als schöne Gleichnisse aller Menschensehnsucht, beiden angehörig – Träume der Erde, in welchen sie ihre befleckte Seele an den reinen Himmel schmiegt. Sie sind das ewige Sinnbild alles Wanderns, alles Suchens, Verlangens und Heimbegehrens. Und so, wie sie zwischen Erde und Himmel zag und sehnend und trotzig hängen, so hängen zag und sehnend und trotzig die Seelen der Menschen zwischen Zeit und Ewigkeit.

Frühling

Theodor Fontane (1819-1898)

Nun ist er endlich kommen doch
in grünem Knospenschuh;
»Er kam, er kam ja immer noch«,
die Bäume nicken sich's zu.

Sie konnten ihn all erwarten kaum,
nun treiben sie Schuss auf Schuss;
im Garten der alte Apfelbaum,
er sträubt sich, aber er muss.

Wohl zögert auch das alte Herz
und atmet noch nicht frei;
es bangt und sorgt: »Es ist erst März,
und März ist noch nicht Mai.«
O schüttle ab den schweren Traum
und die lange Winterruh:
es wagt es der alte Apfelbaum,
Herze, wag's auch du.

So gehört denn auch zu unserem vögelsingenden,
blütenschneienden Frühling, wo der Fluss zwischen duftenden
Kräutern tanzt und ein Herz im anderen lebt, jener kalte,
vom Wind und Schnee durchkreuzte Winter, wo die eisige Luft
mir den Atem an den Haaren zu Reif ansetzte, wo ich
so wenig wusste, was mich in den Wintersturm hinausjagte,
als wo der Wind herkam und wo er hineilte.
Bettina von Arnim (1785–1859)

Wetter-Patenschaften

Karsten Schwanke

Seit 1954 tragen in unseren Breiten die Hoch- und Tiefdruckgebiete Namen. Es war die Idee einer Meteorologin an der FU Berlin, die diese rein physikalischen Gebilde (damals gab es noch keine schönen Satellitenfotos, wo sie für jedermann/jedefrau erkennbar wurden) den Menschen näherbringen wollte.

Und da es ihre Idee war, hat sie sich gleich das Recht des Ersten (sorry: der Ersten) gesichert und festgelegt, dass die meteorologisch wesentlich interessanteren Tiefdruckgebiete weibliche Namen bekommen, die langweiligen Hochs dagegen männlicher Natur sein sollten. (Schneestürme waren seither weiblicher Natur – was für unsereins schade war, andererseits machte es sie nur noch spannender …)

Doch in Zeiten der Emanzipation, in Zeiten von Frauenbeauftragten (heute: Gleichstellungsbeauftragten) kam es schließlich Ende der 90er-Jahre zu einem Disput über die Sinnhaftigkeit dieser

Namensgebung. Auf einmal kursierten unterschiedliche Namenslisten – je nachdem, welche Zeitung man aufschlug, hieß das gleiche Tief Erna oder Erwin. Diese Posse wurde sogar so weit getrieben, dass sie in abendlichen TV-Talkshows heftig diskutiert wurde.

Mir war die Aufregung darüber ziemlich schnuppe (zeitweise sogar suspekt), ging es mir doch in erster Linie um einen anschaulichen Wetterbericht – jeder/jede sollte wissen (und verstehen), wie am nächsten Tag das Wetter wird – Punkt. Aus. Schluss.

Im Laufe weniger Jahre schienen auch die Streithähne der Namensdiskussion überdrüssig geworden zu sein.

Heute vergibt wieder das Meteorologische Institut der FU Berlin die Namen – gegen Cash. Überlässt es jedermann/jederfrau, Namen für Hochs und Tiefs zu bestimmen und zu bezahlen – »Wetterpatenschaft« wird diese Geldquelle genannt. Mit 199 Euro für ein Tief oder 299 Euro für ein Hoch (die existieren meist länger auf der Wetterkarte) sind Sie dabei. Und es liegt an Ihnen, den Druckgebilden ein Geschlecht zu verpassen.

Weitere Infos: www.met.fu-berlin.de

Der Frühling ist der Erste der vier Jahreszeiten.
Im Frühjahr legen die Hühner Eier und die Bauern Kartoffeln.
Aus einem Schulaufsatz

Nasskaltes Wetter macht krank

A. U. Hansen (19. Jahrhundert)

Viele Leiden verursachen die Frostbeulen, die bei nasskaltem Wetter am ersten sich entwickeln; man wendet dagegen vieles an, gewöhnlich vergebens, wie beim Zahnreißen, vielleicht, weil man das Übel lieber heilen als ihm zuvorkommen will.

Endemisch ist (in Schleswig-Holstein) auch das Rheuma oder der Fluss; das Klima begünstigt das Übel, denn, zwischen drei Meere eingepfercht, bestreichen uns alle Winde, die launenvoll wechseln, häufig in 24 Stunden die ganze Windrose durchlaufen. Und der leichtgläubige Bewohner traut so gern dem Lächeln der Sonne und dem Fächeln lauer Lüfte, lässt den Regenschirm daheim, wirft den notwendigen Wollstoff von sich und tut so wenig zur Abhärtung des Körpers gegen die Einflüsse der Witterung. Natürlich findet denn auch die Gicht, die Schwester des Rheumas, hier ihre Opfer heraus; der Mensch vergisst so leicht die Sprüche erprobter Weisheit und Selbsterlebtes, dass es bedenklich ist, vor Pankratius zartere Gewächse auszupflanzen, dass in Jütland der Roggen in der Blüte erfriert (weil man den Schirmwald gen West und Nord weggeschlagen hat), dass den 11. Mai 1832 alle Baumblüte durch Frostwinde vernichtet ward, dass wir am Johannistag 1855 zum Heizen des Ofens gezwungen wurden usw.

Wettervorhersage im Himalaja

Karsten Schwanke

April 2002: Das ARD-Morgenmagazin berichtet live aus dem Himalaja. Live von einer Bergbesteigung – eine Weltpremiere.

Drei Wochen sind wir nun schon im Everest-Nationalpark unterwegs, um uns zu akklimatisieren. Seit einer Woche wohnen wir im Basislager der Ama Dablam (so heißt unser Berg) und testen täglich auf kleinen »Spaziergängen« unsere Höhentauglichkeit und Fitness. In 5000 Metern Höhe. Immer mit dabei: ein Regenschirm! Stellen Sie sich dieses Bild vor: Fünf topausgerüstete Bergwanderer kraxeln über die Steine und tragen einen Regenschirm. In den Alpen würde man Sie auslachen und für nicht mehr ganz zurechnungsfähig erklären – bei der Kleidung, die es heute gibt. Doch unser Regenschirm war aus zwei Gründen für uns wichtig: Erstens kann es im Himalaja, wenn es mal schüttet, so stark regnen, dass Ihnen innerhalb kürzester Zeit das Wasser am ganzen Körper hinunterläuft und Sie schneller pitschnass sind, als Sie gucken können. Der zweite – und eigentliche Grund: Unser Bergsteiger Hans Kammerlander – einer der weltbesten – hatte die Idee mit dem Regenschirm. Es war ihm eine Herzensangelegenheit, dass wir uns alle in Kathmandu einen Schirm zulegen. Weil nach seiner Theorie der Regen ausbleibt, wenn man nur einen Regenschirm dabei hat. Schöne Idee. Zum Glück entwirft er solche Theorien nur beim Wetter und nicht beim Bergsteigen: Es hat fast jeden Tag geregnet oder geschneit ...

Mein faszinierendstes Himalaja-Wetter-Erlebnis war allerdings nicht nass, sondern eisig. Jeden Morgen so gegen halb acht, wenn ich wach wurde, tief vermummt im dicken Daunenschlafsack, hatte ich eine dicke Eisschicht auf meinem Schlafsack – im Zelt! Bei Temperaturen um minus 20 Grad war in der Nacht mein Atem gefroren – rund herum um diese kleine, kreisrunde Öffnung, die ich über meinem Gesicht gelassen hatte. Das Hinauskriechen in die Kälte war allerdings weit weniger faszinierend. Doch schon eine Stunde später konnten wir im T-Shirt in der Sonne sitzen und unseren Morgenkaffee schlürfen. Ich habe noch nie in meinem Leben größere Wettergegensätze in so kurzer Zeit erlebt.

In dieser abgelegenen Welt der hohen Berge ist oft auch der kleinste Versuch, für die Kollegen eine kleine, seriöse Wetterprognose zu basteln, zum Scheitern verurteilt. Jeder Tag verläuft anders, bringt neue Überraschungen. In Deutschland würde man allein mit der Aussage »Morgen wird es genau so, wie es heute war« eine beachtliche Treffergenauigkeit erzielen. Diese sogenannte Persistenzvorhersage hat eine Genauigkeit von etwa 78 Prozent! Doch davon konnte ich im Basislager der Ama Dablam nur träumen. Nach einem Tag mit fast wolkenlosem Wetter folgt ein Regentag. Dann: vormittags Schnee, mittags Nebel und am Nachmittag Sonnenschein. Der vierte Tag bringt das Gleiche – nur in umgekehrter Reihenfolge.

Umgeben von Siebentausendern und Achttausendern steht unsereins dort herum, beobachtet, staunt, wird überrascht – und ist letztlich heilfroh über diesen depperten Regenschirm.

Ob gut, ob schlecht das Jahr auch sei,
ein bisschen Frühling ist immer dabei.
Fritz Mauthner (1849–1923)

Es regnet Hüte

Johann Peter Hebel (1760–1826)

Am unbegreiflichsten ist es, dass es einmal Soldatenhüte soll geregnet haben. Ein Bürger aus einem kleinen Landstädtchen irgendwo in Sachsen soll eines Nachmittags nicht weit von einem Berg auf seinem Felde gearbeitet haben. Auf einmal ward der Himmel stürmisch; er hörte ein entferntes Donnern; die Luft verfinsterte sich; eine große schwarze Wolke breitete sich am Himmel aus, und ehe der gute Mann es sich versah, fielen Hüte über Hüte rechts und links und um und an aus der Luft herab. Das ganze Feld ward schwarz, und der Eigentümer desselben hatte unter vielen Hunderten die Wahl. Voll Staunen lief er heim, erzählte, was geschehen war, brachte zum Beweis davon so viel Hüte mit, als er in den Händen tragen konnte, und der Hutmacher des Orts mag keine große Freude daran gehabt haben.

Nach einigen Tagen erfuhr man aber, dass hinter dem Berg in der Ebene ein Regiment Soldaten exerziert hatte. Zu gleicher Zeit kam ein heftiger Wirbelwind oder eine sogenannte Windsbraut, riss den meisten die Hüte von den Köpfen, wirbelte sie in die Höhe über den Berg hinüber und ließ sie auf der andern Seite wieder fallen. So erzählt man. Ganz unmöglich wäre wohl die Sache nicht. Indessen gehört doch eine starke Windsbraut und folglich auch ein starker Glaube dazu.

Ein Tag im Frühling ohne Veilchenduft ist ein verlorener Tag.

Paracelsus (1493-1541)

Eine Naturerscheinung

Ljudmila Ulitzkaja (geb. 1943)

... Eines schönen Tages saß Anna Weniaminowna in einer hellgrauen Polyesterbluse, einem altmodisch geschnittenen Tweedjackett und uralten Schuhen, die jeden Tag ihres langen Lebens mit einer Bürste aus Naturborste geputzt wurden, auf einer Bank in einem wundervollen Park – die genaue Adresse bleibt aus Gründen der Diskretion ungenannt – nicht direkt im Zentrum von Moskau, aber auch nicht eben am Stadtrand. Ein guter, beinahe renommierter Bezirk. In der Hand hielt sie ein Buch, das in Zeitungspapier eingeschlagen war. So etwas machte eigentlich kein Mensch mehr. Doch sie schlug ihre Bücher weiter hartnäckig in Zeitungsbögen ein, die sie mit der Schere akkurat zurechtschnitt, damit der Umschlag perfekt passte.

Es war ein schöner Tag Mitte April, und die beiden, Anna Weniaminowna und Mascha, die zufällig nebeneinandersaßen, genossen den Anblick der erwachenden Natur, die schlaue Krähen sich für ihre niederen – und zugleich höheren – Fortpflanzungsinstinkte zunutze machten: Sie brachen mit ihren kräftigen Schnäbeln Zweige ab, steckten sie in alte Nester vom Vorjahr, um sie zu renovieren, und bauten neue.

Am Ende der gemeinsamen Beobachtung dieses seltenen und amüsanten Schauspiels zitierte Anna Weniaminowna Gedichtzeilen:

»Das Abendlicht ist gelb und weit, die Kühle im April so samtig, du kommst zu spät, nach langer Zeit, und dennoch grüß ich dich erfreut ...«

»Was für schöne Verse!«, rief Mascha. »Wer hat die geschrieben?«

Die Bekanntschaft war geknüpft.

»Ach, Jugendsünden.« Die bezaubernde alte Dame lächelte. »Wer schreibt in der Jugend keine Gedichte?«

Es wächst viel Brot in der Winternacht,
weil unter dem Schnee frisch grünet die Saat;
erst wenn im Lenze die Sonne lacht,
spürst du, was Gutes der Winter tat.
Friedrich Wilhelm Weber (1813–1894)

Der Rhein tritt in Bonn über die Ufer

Carl Wilhelm Wutzer (1789–1863)

Der Rhein sendet nur selten und ausnahmsweise, anstatt der großen von ihm dargebotenen Vorteile, den Nachteil einer Überschwemmung. In der Regel geschieht dies während eines Eisganges, wenn die Schollen sich unterhalb irgendwo festgesetzt und den Strom verstopft haben. Am meisten ist dem die tiefliegende Rheingasse ausgesetzt; doch habe ich sie nur einmal während 27 Jahren bis zu ihrem oberen (westlichen) Drittel unter Wasser stehen sehen. 1784 hatte die Flut freilich auch, außer der ganzen Straße, noch nachbarliche Straßen erreicht. Der bei weitem größte Teil der Stadt liegt hoch genug, um davon stets frei zu bleiben. Die Rheingasse würde aber selbst durch rheinwärts zu erbauende feste Steinwälle gegen die Wut des Stromes, wenn sich ihm Hindernisse entgegenstellen, nicht geschützt werden können. Seine Wasser dringen nämlich durch den lockeren Boden bis in die Keller der zu tief liegenden Gebäude und füllen sie schleunig. Die Rheingasse würde also dereinst gegen jenen für das Gesundheitswohl so wesentlichen Nachteil nur durch sehr ansehnliche Substruktionen bewahrt werden können, ohne die gesetzlich kein neues Haus erbaut werden dürfte. Nach Maßgabe des Vorschreitens dieser Substruktionen würde nach und nach das Straßenpflaster gleichfalls zu erhöhen sein. Sollte aber das Wasser in die Wohngebäude eingetreten sein, so dürfen sie nach dem Abflusse jenes, monatelang im Erdgeschosse, vielleicht auch eine Treppe hoch, nicht bewohnt werden. Die Feuchtigkeit aus den Wänden und den Fußböden verliert sich kaum bis zum Spätsommer hin.

Regen

Klabund (1890–1928)

Der Regen rinnt schon tausend Jahr,
Die Häuser sind voll Wasserspinnen,
Seekrebse nisten mir im Haar
Und Austern auf des Domes Zinnen.

Der Pfaff hier wurde eine Qualle,
Seepferdchen meine Nachbarin.
Der blonde Seestern streckt mir alle
Fünfhundert Fühler zärtlich hin.

Es ist so dunkel, kalt und feucht.
Das Wasser hat uns schon begraben.
Gib deinen warmen Mund – mich deucht,
Nichts bleibt uns, als uns lieb zu haben.

Marokkanisches Lamm mit Backpflaumen

Lamm, das traditionelle Festessen zu Ostern, hier einmal auf ganze andere Art zubereitet, als wir es sonst kennen ...

ZUTATEN FÜR 4 PERSONEN:

1 kg Lammschulter,
in etwa 2,5 cm große Würfel geschnitten
1 große Zwiebel, feingehackt
200 g Backpflaumen, entsteint
24 ganze Mandeln, geschält
1 EL Sesamkörner
2 EL Olivenöl
1 EL Rapsöl
6 Safranfäden, zerkleinert
1 TL Ingwer, gemahlen
2 Zimtstangen
1 TL Zimt, gemahlen
5 TL Honig
Salz und schwarzer Pfeffer

ZUBEREITUNG:

Das Olivenöl in einem Schmortopf erhitzen und die Fleischstücke darin gut anbraten. Die kleingeschnittene Zwiebel zugeben und den Herd zurückschalten, sodass das Ganze nur noch leicht köchelt. So sich nicht genug Soßenfond gebildet hat, noch etwas Wasser angießen, bis das Fleisch fast bedeckt ist. Mit Zimtstangen, Safran, Ingwer, Salz und schwarzem Pfeffer würzen.

Das Fleisch bei niedriger Hitze etwa eineinhalb Stunden schmoren lassen, bis es weich ist. Dann die Zimtstangen herausnehmen

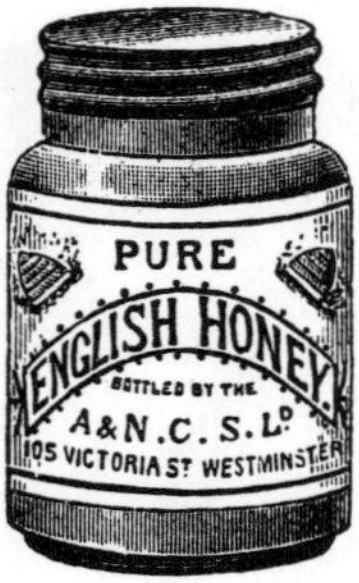

und 3 TL Honig sowie den gemahlenen Zimt unterziehen.

Bis das Fleisch fertig ist, den restlichen Honig mit Wasser und einer kräftigen Prise Zimt verrühren und darin die Backpflaumen ziehen lassen. Die Mandeln in einer Pfanne mit Rapsöl rösten. Die Sesamkörner in einer kleinen Pfanne ohne Öl ebenfalls anbräunen.

Die Pflaumen und die Mandeln auf dem Fleisch verteilen und das Ganze kurz ruhen lassen. Vor dem Servieren die Sesamkörner darüberstreuen. Als Beilage Fladenbrot reichen.

Vor dem Tor

Aus dem »Faust«

Johann Wolfgang von Goethe (1749–1832)

Vom Eise befreit sind Strom und Bäche
Durch des Frühlings holden, belebenden Blick,
Im Tale grünet Hoffnungsglück;
Der alte Winter, in seiner Schwäche,
Zog sich in raue Berge zurück.
Von dorther sendet er, fliehend, nur
Ohnmächtige Schauer körnigen Eises
In Streifen über die grünende Flur;
Aber die Sonne duldet kein Weißes:
Überall regt sich Bildung und Streben,
Alles will sie mit Farben beleben;
Doch an Blumen fehlt's im Revier:

Sie nimmt geputzte Menschen dafür.
Kehre dich um, von diesen Höhen
Nach der Stadt zurückzusehen!
Aus dem hohlen, finstern Tor
Dringt ein buntes Gewimmel hervor.
Jeder sonnt sich heute so gern.
Sie feiern die Auferstehung des Herrn;
Denn sie sind selber auferstanden:
Aus niedriger Häuser dumpfen Gemächern,
Aus Handwerks- und Gewerbesbanden
Aus dem Druck von Giebeln und Dächern,
Aus der Straßen quetschender Enge,
Aus der Kirchen ehrwürdiger Nacht
Sind sie alle ans Licht gebracht.
Sieh nur, sieh! wie behend sich die Menge
Durch die Gärten und Felder zerschlägt,
Wie der Fluss in Breit und Länge
So manchen lustigen Nachen bewegt,
Und, bis zum Sinken überladen,
Entfernt sich dieser letzte Kahn.
Selbst von des Berges fernen Pfaden
Blinken uns farbige Kleider an.
Ich höre schon des Dorfs Getümmel,
Hier ist des Volkes wahrer Himmel,
Zufrieden jauchzet groß und klein:
»Hier bin ich Mensch, hier darf ich's sein!«

Die Bäume fahren im Frühling aus der Haut.
Wilhelm Busch (1832–1908)

Es »wettert« in den internationalen Charts

Eine willkürliche Auswahl an Rocksongs, mit denen das Wetter Geschichte schrieb

Blowin' In The Wind	*Bob Dylan, 1963*
House Of The Rising Sun	*The Animals, 1964*
Summer In The City	*The Lovin' Spoonful, 1966*
Winter Lady	*Leonard Cohen, 1967*
Raindrops Keep Falling On My Head	*BJ Thomas, 1969*
Here Comes the Sun	*The Beatles, 1969*
In The Summertime	*Mungo Jerry, 1970*
Ain't No Sunshine, When She's Gone	*Bill Withers, 1971*
I Can See Clearly Now	*Johnny Nash, 1972*
School's Out	*Alice Cooper, 1972*
I Can't Stand The Rain	*Ann Peebles, 1973*
It Never Rains In Southern California	*Albert Hammond, 1973*
You're The Sunshine Of My Life	*Stevie Wonder, 1973*
It's Raining Men	*Weather Girls, 1982*
It's Raining Again	*Supertramp, 1982*
The Big Sky	*Kate Bush, 1985*
Summer In Paradise	*The Beach Boys, 1992*
Weatherman	*Sub7even, 2001*
Waiting On A Sunny Day	*Bruce Springsteen, 2002*
Wake Me Up When September Ends	*Green Day, 2004*
Rain Fall Down	*The Rolling Stones, 2005*
Rain	*Breaking Benjamin, 2005*

Fliegen zwei Engel durch den Himmel. Fragt der eine den anderen: »Sag mal, weißt du eigentlich, wie morgen das Wetter wird?«

»Ich glaub', wolkig.«

»Gut, dann können wir uns endlich mal wieder hinsetzen!«

Von den Zu-Sonnen

Konrad von Megenberg (Mitte 14. Jahrhundert)

Es geschieht auch oft, dass uns der Sonnen mehr dünken denn eine. Das geschieht davon, dass unter der richtigen Sonne neben sich sind gar dicke Wolken und dass die Sonn an etlichen dünnen Stücken der Wolken mit ihrem Schein die Wolken um und um im Kreise treibt, sodass es aussieht, als wäre dort ein kleines Fensterlein, durch das die Sonn herdurchscheint. Wenn das geschieht, so bedünkt uns, dass an derselben Stell eine Sonne sei.

Es ist doch erstaunlich, was ein einziger Sonnenstrahl
mit der Seele des Menschen machen kann.
Fjodor Michailowitsch Dostojewskij (1821–1881)

Seekrank

Meta Klopstock (18. Jahrhundert)

den 19ten April 1757.

... Wir segelten also. Ich war in meiner Kajüte, allein. Ich lag im Bette und hatte nur meine Schelle zur Gesellschaft; das war auch alles, was ich brauchte. Ob ich gleich keine eigentliche Gefahr fürchtete, so war ich doch sehr ernsthaft und sehr ruhig. Aber mein armer Körper war's nicht, ich war so seekrank, wie man nur sein kann ... Kl. kam einmal in die Kajüte und erschrak vor mir, denn bei einem immerwährenden Erbrechen strömte mir der dicke kalte Schweiß vom Gesicht, und ich war so matt, dass ich nicht mehr ächzen konnte ... So blieb ich bis Mittag, eben so krank, aber auch in einer so vortrefflichen christlichen Ruhe. Nun merkte ich, dass Sturm ward, an der Bewegung des Schiffs, an der Gewalt des Windes und am Lärmen der Schiffer. Dieses machte mich noch ernsthafter, aber auch noch kränker. Mit einmal schlug eine große Welle aufs Schiff. Alles fing an zu lärmen, zu laufen, zu schreien, zu lachen und zu brechen. Sieben Personen stürzten einer über dem andern in die Kajüte herein. Kl. kam mit einer lächelnden Miene an mein Bett: Es ist ein bisschen Sturm, Meta, und war ganz nass von der Welle. Meine Frankfurterin warf sich in der Mitte der Kajüte auf eine Kiste: »Ach Kott! ach Kott! ich schterpe, ich schterpe! Cha, das ischt kewiss ich sterpe! Ach Kott! ach Kott! (einige 20 Mal mit der größten Geschwindigkeit nacheinander). Ach ich pihn schon todt! ich pihn schon todt! Nur ins Krapp mit mir, nur ins Krapp, nur ins Krapp (wieder 20 Mal).« Dabei sich beständig auf ihrer Kiste herumgedreht und hingespien, wo sie zu kam. Unterdes, dass sie diese schöne Szene machte, gegen welche weder mein Ernst noch eine Krankheit halten wollte, ich musste lachen, so matt ich war, unterdes saßen zwei Herren bei ihr und spien, als wenn sie sich's verabredet hatten, beständig in einem Bogen gegeneinander an, sodass es immer über ihren Rock kam. Sie tat böse, wie sie sah, dass sie so »bekozt« war (ein frankfurterisches Wort, vermutlich), aber ich glaube nicht, dass sie es wirklich war, denn es gab ihr Gelegenheit, Andres zu sagen, dass er die Schlüssel zum Koffer nehmen und einen andern Rock langen sollte… Der Sturm legte sich etwas, wir kriegten konträren Wind und legten mit Einbruch des Abends bei Falster Anker. Nun fing alles um mich herum an zu essen, ich aber, die seit Montagmittag (es ist Dienstagabend) nicht gegessen hatte, und auch da sehr wenig, denn das war die erste Mahlzeit außer Hamburg, ich konnte nicht.

Was der Frühling nicht sät, kann der Sommer nicht reifen,
der Herbst nicht ernten, der Winter nicht genießen.
Johann Gottfried Herder (1744–1803)

Himmelserscheinungen

Gaius Caecilius Secundus Plinius (23–79)

… Nun wollen wir zu den übrigen Merkwürdigkeiten des Himmels übergehen; denn auch das nannten die Alten Himmel, was wir jetzt mit einem anderen Namen Luft nennen. Dieser Lebenshauch nimmt allen scheinbar leeren Raum ein. Unterhalb des Mondes ist ihr Sitz, und noch viel tiefer (wie ich allgemein angenommen finde) wird sie, indem sich eine unendliche Menge der obern Luft mit einer unendlichen Menge irdischer Ausdünstungen mischt, mit beiden Anteilen erfüllt. Daraus entstehen Wolken, Donner und Blitz, Hagel, Reif, Regen, Stürme und Wirbel.

Der Mai

Friedrich Freiherr von Logau (1604–1655)

Dieser Monat ist ein Kuss,
den der Himmel gibt der Erde,
dass sie jetzt und seine Braut
künftig eine Mutter werde.

Rasen mähen

Harald Schmidt (geb. 1957)

»Der Rasen muss gemäht werden.« Wir alle kennen diesen Satz aus unzähligen, wenn nicht gar zahllosen Hollywoodfilmen, gesprochen meistens oder zumeist von einem Patriarchen, im seidenen Morgenrock auf der obersten Stufe einer Freitreppe zwischen klassizistischen Säulen stehend, Zigarre zwischen den Fingern. »Komm, Kleines, wir gehen frühstücken«, ist noch zu hören, während er im Abgehen der Blondine neben sich einen Klaps auf den Hintern gibt. Alsdann huschen fröhliche Filipinos in sanft gebückter Haltung auf den Rasen und beginnen ihr Tagwerk. Bisweilen sind es auch Mexikaner, deren Gesichter jedoch nicht jene Ausstrahlung von »unzerkratzbarer Politur« (Graham Greene) haben, wie sie bei den Asiaten zu finden ist. So weit die Rasenpflege im marktbeherrschenden US-Film. In unseren Breiten ist der Satz »Der Rasen muss gemäht werden« eher eine von sanfter Resignation umwehte Floskel, die bereits ahnen lässt, dass man es selber machen muss. Motor? Elektrisch? Auf so einem kleinen Traktor? Falsch – mit »so einem Ding da«! Heißt es Handrasenmäher? Gibt es überhaupt eine offizielle Bezeichnung dafür? Alle, denen man erzählt, dass man den Rasen nicht mit Hilfe von Hightech mäht, fragen ungläubig, ob man ihn etwa mit »so einem Ding da« stutzt. Dabei führen sie zwei kurze Stoßbewegungen mit beiden Händen weg vom Körper ins Nichts aus. Gibt es eine verbindliche Ideologie, wie man den Rasen zu mähen hat? Beginnt man erst auf der großen, ebenen Fläche und spart sich die undankbaren Ränder unter tiefhängenden Zweigen und üppig ins Grün schießenden Büschen bis zum Schluss auf? Oder beginnt man mit den schwierigen Rändern, wie in der Politik, wo ja auch darauf geachtet wird, dass die Ränder nicht ausfransen? Ich tendiere dazu, mit den Randbezirken zu beginnen. Immer wenn ich das Ding da in extrem gebückter Haltung, die noch bei keinem Filipino je gesehen ward, unters Gebüsch schiebe, bin ich froh, Brillenträger zu sein. Sonst hätte ich mir schon häufiger einen kurzen Ast ins Auge gerammt, wie weiland Ödipus die Gürtelschnalle. Wer übrigens ein bisschen Zeit übrig hat, kann ruhig mal mehrmals hintereinander laut »ins Gebüsch schieben« sagen. Er – und auch sie – wird dabei feststellen, dass nicht nur unsere Sprache, sondern auch die Artikulation zusehends verschlampt. Kaum einer noch nimmt sich die Zeit, die beiden Zischlaute in »Gebüsch schieben« korrekt abzusetzen, immer wird es zu einem indifferenten »Gebüschieben«. Auch sind viele zu nachlässig, um das »ü« eindeutig anders zu bilden als das »ie«. Im Alltag verkommt das kraftvolle und lautmalerisch durchaus ansprechende »ins Gebüsch schieben« zu einem breiigen »insgeböschimm«. Hat man darüber schon von Botho Strauß gelesen? Oh, es regnet! Da bringt es nichts, weiter zu mähen. Morgnisauchnochntak.

Sonnenschein wirkt köstlich, Regen erfrischend,
Wind aufrüttelnd, Schnee erheiternd.
Wo bleibt da das schlechte Wetter?
John Ruskin (1819–1900)

Schutzheilige fürs Wetter

FÜR / GEGEN / BEI:	HEILIGER:
FÜR GUTES WETTER	*Euphemia*
	Georg der Märtyrer
	Wendelin
FÜR FRUCHTBARES WETTER	*Fridolin von Säckingen*
BEI GEWITTER	*Bernhard von Clairvaux*
	Petrus der Märtyrer
GEGEN GEWITTER	*Anna*
	Barbara
	Maria Magdalena
	Maria
GEGEN BLITZSCHLAG	*Markus der Evangelist*
	Godehard von Hildesheim
	Scholastika
GEGEN HAGEL	*Christopherus*
	Barnabas
	Johannes der Täufer
FÜR REGEN	*Anna*
	Severin von Köln
	Benno von Meißen

GEGEN REGEN .... *Maximin von Trier*
Sabina
Susanna
GEGEN DAUERREGEN .... *Gauderich von Languedoc*
BEI DÜRRE .... *Ägidius*
Christopherus
Florian
GEGEN DÜRRE .... *Isidor von Madrid*
Odo von Cluny
GEGEN NEBEL .... *Deodatus von St. Dié*
BEI ÜBERSCHWEMMUNG .... *Zeno*
GEGEN ÜBERSCHWEMMUNG .... *Kolumban der Jüngere*
Ulrich von Augsburg
GEGEN KÄLTE .... *Sebaldus von Nürnberg*
GEGEN FROST .... *Urban I.*
BEI STURM .... *Ägidius*
Urban I.
GEGEN STURM .... *Florian*
Franz Xaver
Scholastika

Der Sommer lässt sich Zeit

Nasreddin Shah (19. Jahrhundert)

Bei den Ungläubigen lässt sich der Sommer bis zu seinem Einzug viel Zeit. Einen Überfluss an Sonnenstrahlen scheinen sie auch nicht zu kennen. Die Menschen sind immer noch in Pelze eingemummt. Auf den Feldern zeigt sich noch kaum etwas Grün, und das Vieh fröstelt.

Der Mai ist gekommen

Emanuel Geibel (1815–1884)

Der Mai ist gekommen, die Bäume schlagen aus,
da bleibe, wer Lust hat, mit Sorgen zu Haus!
Wie die Wolken dort wandern am himmlischen Zelt,
so steht auch mir der Sinn in die weite, weite Welt.

Herr Vater, Frau Mutter, dass Gott euch behüt'!
Wer weiß, wo in der Ferne mein Glück mir noch blüht;
es gibt so manche Straße, da nimmer ich marschiert,
es gibt so manchen Wein, den ich nimmer noch probiert.

Und abends im Städtlein, da kehr' ich durstig ein:
»Herr Wirt, mein Herr Wirt, eine Kanne blanken Wein!
Ergreife die Fiedel, du lust'ger Spielmann du,
von meinem Schatz das Liedel, das sing' ich dazu!«

O Wandern, o Wandern, du freie Burschenlust!
Da wehet Gottes Odem so frisch in die Brust;
da singet und jauchzet das Herz zum Himmelszelt:
Wie bist du doch so schön, o du weite, weite Welt!

Ehe nicht Pankratius, Servatius
und Bonifatius (12.–15. Mai) vorbei,
ist nicht sicher vor Kälte der Mai.

Mittagshitze

Wilhelm Jensen (1837–1911)

Es war im Mai, aber die Sonne brannte juliheiß auf die mittagsleeren Gassen des Städtchens herunter. Nachdenklich starrten die hohen Giebel auf ihren kurzen Schatten, und nur hie und da bog sich ein neugierig lauschender Mädchenkopf aus dem Erkerfenster, die sonnenblendende Straße zur Kirche hinaufschauend, und zog sich hastig wieder in den kühlen Zimmerschatten zurück.

Droben aber über dem gewölbten Kirchendach und um den altersgrauen Zierrat des halb verwitterten Turmes flimmerte und zitterte die heiße Mittagsluft. Träg mit eingeschlagenen Flügeln saßen die Stadttauben auf First und Kanten und girrten leise vor sich hin; höher aber flatterten einsame Dohlen um das Gebälk und flüchteten sich scheu aus dem Tageslicht in die dunklen Mauerlöcher hinein. Drunten jedoch vor dem weiten Portal des Haupteingangs, wo die senkrechten Sonnenstrahlen glänzend auf den weißen Fliesensteinen lagen, bevölkerte es sich allmählich.

Tornados in Mitteleuropa

Karsten Schwanke

Früher hießen sie Trombe oder Windhose. Doch was ist das? Hört sich an wie eine Mischung aus einem Clownskostüm und einem Teilchen, das die Bäcker als »Windbeutel« verkaufen. So etwas soll – ganz selten mal – auch in Deutschland vorkommen können. Aber natürlich nicht so gewaltig wie die »echten« Tornados im Mittleren

Westen der USA. So wurde lange Zeit geredet und gedacht. Wer Tornados auch in Deutschland für möglich hielt, war ein Aufschneider und Wichtigtuer. Doch dann kam die Zeit der Digitalkameras und Fotohandys – und noch viel wichtiger: die freie Verfügbarkeit von Regenradarbildern im Internet. Und heute wissen wir: Es gibt sie auch bei uns!

Ab April steigt die Nervosität: Die Gewittersaison beginnt – und mit ihr kommen auch die Tornados. Eine immer schneller wachsende Fangemeinde stürmt bei Gewitterwetter ins Freie, jagt mit einem alten Auto – dem auch die dicksten Hagelkörner nichts mehr anhaben können – über die Landstraßen, um ihr Lieblingsobjekt zu erspähen: den Wolkenrüssel, der sich drehend und windend bis zum Erdboden nach unten arbeitet und eine Schneise der Verwüstung hinterlässt.

Tornados haben in den letzten Jahren in Deutschland nicht zugenommen – doch sie werden häufiger beobachtet. Waren es in den 1990er Jahren noch rund 10 Tornados jährlich, sind es 2005 schon über 40, 2006 über 60 gewesen.

Tornadojäger brauchen Glück. Denn die Lebenszeit ist gering: meist sind sie nach einer halben Stunde schon wieder verschwunden. Und klein sind sie auch noch. Die meisten erreichen Durchmesser von nur wenigen Metern. Nur wenige werden dicker als 100 Meter. Aber sie drehen sich schnell – und das macht sie so zerstörerisch. Die höchste Geschwindigkeit, die je in einem drehenden Wirbel gemessen wurde – 1999 bei einem Tornado in Oklahoma – lag bei 496 km/h! Wer in einen ausgewachsenen Tornado gerät, hat schlechte Karten. Allerdings kann man ihnen mit einem Auto und etwas Glück entwischen. Die Wandergeschwindigkeit dieser Gesamtkunstwerke liegt bei geruhsamen 30 bis 80 km/h. Sie ziehen mit der Wolke mit. Manche verharren sogar an Ort und Stelle. Tornados sind komplett anders als die großen Monsterwirbelstürme wie Katrina, die Hurrikane, die 1000 Kilometer im Durchmesser erreichen und dieses charakteristische »Auge« bilden, das wir von

Satellitenbildern kennen. Tornados entstehen aus Superzellen – mächtigen Gewitterwolken, die selbst schon anfangen zu rotieren. Wenn kältere, trockene Luft aus dem Norden auf wärmere, feuchtere, subtropische Luft trifft, sind die Bedingungen optimal für die Bildung dieser Superzellen. Die »Stormchaser«, die Tornadojäger, suchen die charakteristischen Muster im Regenradar: ein Komma, eine gekrümmte Linie. Genau dort werden die gegensätzlichen Luftmassen ineinander verwirbelt – dort könnte ein Rüssel entstehen.

Inzwischen beschäftigen sich nicht nur Freaks, sondern auch Wissenschaftler mit den Tornados in Mitteleuropa. Im Vergleich zu den weit über 1000 Tornados in den USA sind unsere paar Dutzend zwar ein Klacks, aber wir wissen mittlerweile, dass auch in Mitteleuropa die ganz schweren Kracher vorkommen können. Die weltweit übliche Fujita-Skala unterteilt die Tornados nach der Windgeschwindigkeit von F0 bis F5. In Deutschland können wir alle zwei, drei Jahre mit einem F2 (184–256 km/h), alle drei bis fünf Jahre mit einem F3 (bis 335 km/h) und etwa alle 20 bis 30 Jahre mit einem F4 (bis zu 421 km/h) rechnen. Ein F5 mit sagenhaften 421 bis zu 515 km/h kommt bei uns nur alle paar hundert Jahre vor.

Sollte Ihnen mal einer über den Weg laufen – und Sie eventuell auch noch Fotos geschossen haben, können Sie »Ihren« Tornado auch melden: Bei der Tornadoorganisation (tor) Deutschlands (d), Österreichs (a) und der Schweiz (ch) unter: www.tordach.org

Am zuverlässigsten unterscheiden sich die TV-Programme
noch durch ihren unterschiedlichen Wetterbericht.
Woody Allen (geb. 1935)

Tsunami in der Nordsee am 5. Juni 1858

Max Wilhelm Fack (1823–1911)

Ein auffallendes, selbst den Anwohnern der See unbekanntes Phänomen zeigte sich am 5. Juni dieses Jahres in der Nordsee …

Am 5. Juni – nach dem Bericht des Herrn Hansen – begann die Fluthebung im Meer und an dem Westufer der Insel Sylt kurz nach Mittag und sollte nach dem Kalender bis sechs ¼ Uhr steigen, stieg aber zirka eine Stunde länger und im innern Meere oder Haff bei Sylt zwei Stunden …

Am Nachmittag des 5. Juni war der Wind Südost, das Meer durchaus eben und ruhig, die Luft freilich hin und wieder mit elektrischen Wolken, wie es schien, angefüllt, doch kam kein Gewitter hier zum Ausbruch. Plötzlich erhob sich hier um fünf Uhr nachmittags, ohne dass man eine Ursache hierzu erkannte, im Südwest auf dem Meer eine ungeheure Welle, ein langer dunkler in Südost und Nordwest gedehnter Wellenberg oder Wasserwall, der mit furchtbarem Getöse herannahte, auf dem äußern Strandriff der Insel sich turmhoch bäumte, dann sich über das Sandufer bis an die hohen Dünen und sogar in die sogenannten Glaaten (Dünenschluchten) hinein ergoss und endlich in den weiten Schoß der Nordsee zurückfloss, welche sofort ihre vorige ebene Oberfläche wieder erhielt. Nach Angabe anderer wäre der Wind in dem Augenblick des Überstürzens der Welle auf den Strand plötzlich nach Südwest gesprungen und wäre, den Staub vor sich her hoch in die Luft wirbelnd, über die Insel gefahren mit Sturmesschnelle, hätte aber gleich darauf sich wieder nach Südost gewendet, ohne heftiger zu wehen als früher am Nachmittag. Ein glaubwürdiger Fischer, der um neun Uhr abends am westlichen Strand war, versicherte, als er eben vom Meerschweinfang zurückkehrend gelandet war, wäre eine zweite ebenso ungewöhnliche Welle wie um fünf Uhr mit furchtbarem Gebrüll aus Südwest herangekommen, hätte sich über den Strand gewälzt, sein Boot umgestürzt und ihn beinahe ertränkt, sodass er nur mit genauer Not sich hatte retten können. Er meinte, die Welle sei mehr als hofhoch gewesen, hätte nach und nach zuerst die Ufer Hörnums, dann Westerlands, Kampens und des Listlandes bespült. Ein Schiffskapitän schrieb an H.: »Abends neun Uhr kam eine zweite, und neun ½ Uhr eine dritte Welle mit gleichem Gebrüll angerollt.«

Das frühere Eintreten dieser Wellen an den Küsten Englands und Frankreichs lässt erkennen, aus welcher Richtung her sie in die Nordsee kamen. Wo sie auf die freie Küste stießen, liefen sie gleich wieder ab; in Enggewässern, Häfen verursachten sie ein bedeutendes Steigen des Wassers.

Springtime Cooler

Ein fruchtiger Cocktail für die ersten warmen Frühlingstage ...

ZUTATEN:

4 cl Wodka; 2 cl Blue Curaçao
6 cl Orangensaft; 2 cl Limettensaft
1 cl Zuckersirup; Eiswürfel

ZUBEREITUNG:

Alle Zutaten mit gestoßenem Eis in den Cocktail-Shaker geben und gut schütteln. Ein Longdrink- oder Ballonglas mit zwei bis drei Eiswürfeln füllen. Den Cocktail durch ein Sieb ins Glas gießen. Auf den Rand des Glases nach Belieben Limetten- oder Sternfruchtscheiben stecken.

Sonnenaufgang auf der Ostsee

Joseph Anton Christ (1744–1823)

Es war der siebzehnte Juni im Jahre 1785, als wir nachmittags nach vier Uhr in des Schiffers kleinerem Boote nach der Reede fuhren und unsere Margaretta bestiegen ... Noch in der Nacht wurden die Anker gelichtet, und so ging die Reise an ... Des andern Morgens rief mich Herr Hayer aus meiner Koje (denn ich hatte mit meiner Familie die ganze Kajüte gemietet) und zeigte mir den Sonnenaufgang, den ich freilich in meinem ganzen Leben noch nicht so prachtvoll gesehen hatte. Diese Majestät zu beschreiben liegt außer meiner Kraft, auch würde jede Beschreibung durch den größten Dichter nur Wasser sein und bleiben gegen das erstaunungswürdige Wunder, welches sich dem menschlichen Auge darstellet, denn es ist keine Sonne, wie man sie im Horizont des festen Landes aufgehen sieht, sondern ein Feuermeer, welches seine ganze glanzvolle Masse zugleich der See und dem wolkenleeren Firmament mitteilt, dass man davon geblendet die Augen niederschlagen und zurückweichen muss; anbetend lernt man da die Größe des Schöpfers bewundern und fühlt, welch ein unbedeutender Wurm der Mensch ist.

Alle wichtigsten Ereignisse des Lebens fielen bei uns größtenteils in den Sommer. Im Winter ist man von der Kälte gar zu schläfrig. Freilich ist man es auch im Sommer – wegen der Hitze! –, aber im Winter mehr. Darum verlegten wir alle Ereignisse nach Möglichkeit in die Sommerzeit.

Leonid Leonow (1899–1994)

Mittag

Theodor Fontane (1819–1898)

Am Waldessaume träumt die Föhre,
Am Himmel weiße Wölkchen nur,
Es ist so still, dass ich sie höre,
Die tiefe Stille der Natur.

Rings Sonnenschein auf Wies' und Wegen,
Die Wipfel stumm, kein Lüftchen wach,
Und doch, es klingt als ström' ein Regen
Leis' tönend auf das Blätterdach.

Lieber Freund! Welch ein Sommer!
Ich denke Sie mir im Zimmer sitzend,
mehr Omelette als Mensch.
Friedrich Nietzsche (1844–1900)
1887 an einen Freund im heißen Venedig

Sommer ist die Zeit, in der es zu heiß ist,
das zu tun, wozu es im Winter zu kalt war.
Mark Twain (1835–1910)

Wem die Sonne auf den Schädel brennt ...

Otto von Bismarck (1815–1898)

Heute beim Aufstehen kam mir der Gedanke, wie es doch recht merkwürdig ist, dass gerade die Völker, denen die Sonne besonders heiß auf den Schädel brennt, sie als Gott verehren. Alle Sonnen- und Feueranbeter wohnten im heißen Süden, wie die Assyrer, Phönizier, Perser. Den Völkern des Nordens ist dieser Kult nicht in den Sinn gekommen, und doch hat man in unserem Klima gewiss mehr Grund zur Dankbarkeit und Freude, wenn die seltene Sonne am Himmel sich zeigt, als da, wo sie sengende Glut und oft Gefahr und Verderben bringt. Aber die alten Germanen verehrten nicht die Sonne, sondern den Blitz und den Donner. Auch hierin zeigt sich die Hundenatur der Menschen. Sie lieben und verehren den, vor dem sie sich fürchten.

Die Sonne und der lange Sommer

Karsten Schwanke

Die Sonne ist nicht nur der Hauptantrieb unseres Wetters, und sie bestimmt nicht nur den Wechsel der Jahreszeiten – sondern selbst deren Länge. Da sich die Erde nicht kreisförmig um die Sonne dreht, sondern elliptisch, ändert sich auch die Geschwindigkeit, mit der die Erde unsere Sonne umrundet. Wenn sich die Erde näher an der Sonne befindet, fliegt sie schneller, ist sie am entgegengesetzten Punkt, fliegt sie langsamer. Und das nicht nur theoretisch: Es ist für jeden von uns feststellbar: an der Dauer der Jahreszeiten.

Die Erde hat am 3. Januar den geringsten Abstand zur Sonne, nämlich 147 Millionen Kilometer. Am 3. Juli ist der Abstand mit 152 Millionen Kilometer deutlich größer.

Während des Winters fliegt die Erde also schneller, der Winter (22. Dezember bis 21. März) dauert auch nur 89 Tage. Der Sommer hingegen (21. Juni bis 23. September) rund 5 Tage länger, nämlich 94 Tage. Auf der Südhalbkugel ist natürlich der Winter länger als der Sommer.

Wenn wir die Sonnenstrahlung an der Außenhaut der Atmosphäre messen würden, kommt dort im Nordwinter (wenn wir dichter und schneller an der Sonne vorbeirauschen) deutlich mehr Energie an als im Sommer. Während unserer Wintermonate wird die Erde also stärker gewärmt. Dieser Effekt ist allerdings nicht verantwortlich für die milderen Winter, die wir in den letzten Jahrzehnten erlebt haben (denn das war ja 1850 auch schon so – und da waren die Winter deutlich kälter). Wenn die Land-Meer-Verteilung auf der Erde symmetrisch wäre, dann würde sich dieser Effekt durchaus bemerkbar machen – dann wäre der Winter auf der Nordhalbkugel milder als der Winter auf der Südhalbkugel. Aber auf unserer realen Erde mit der deutlich größeren Landmasse auf der Nordhalbkugel, den großen Wasserflächen auf der Südhalbkugel – der Antarktis am Südpol – bestimmen diese geografischen Faktoren wesentlich stärker das Wetter als die Strahlungsmenge, die von der Sonne bei uns eintrifft.

Aber freuen dürfen wir uns trotzdem – über einen Sommer, der zumindest kalendarisch fünf Tage länger dauert.

Unser deutscher Sommer ist nur ein grün angestrichener Winter.
Heinrich Heine (1797–1856)

Sengende Hitze, mörderische Stürme, prasselnder Regen auf Zelluloid

Gangster in Key Largo .... *Regie: John Huston. USA 1948*
(Originaltitel: Key Largo)

Du sollst mein Glücksstern sein .... *Regie: Stanley Donen.*
(O: Singing In the Rain) *USA 1952*

Sturmfahrt nach Alaska .... *Regie: Raoul Walsh. USA 1952*
(O: The World in His Arms)

Kampf der Welten .... *Regie: Byron Haskin. USA 1953*
(O: The War of the Worlds)

Der Regenmacher .... *Regie: Joseph Anthony. USA 1956*
(O: The Rainmaker)

Der Flug des Phoenix .... *Regie: Robert Aldrich. USA 1965*
(O: The Flight of the Phoenix)

Pauline am Strand .... *Regie: Eric Rohmer.*
(O: Pauline à la plage) *Frankreich 1982*

Ein Sonntag auf dem Lande .... *Regie: Bertrand Tavernier.*
(O: Un dimanche à la campagne) *Frankreich 1984*

Und täglich grüßt das Murmeltier .... *Regie: Harold Ramis.*
(O: Groundhog Day) *USA 1993*

Twister .... *Regie: Jan de Bont. USA 1996*

Titanic .... *Regie: James Cameron. USA 1997*

Ballermann 6 .... *Regie: Gernot Roll. Deutschland 1997*

Schnee in der Neujahrsnacht .... *Regie: Thorsten Schmidt. Deutschland 1999*

Der Sturm .... *Regie: Wolfgang Petersen. USA 2000*
(O: The Perfect Storm)

The Beach .... *Regie: Danny Boyle. USA 2000*

Ice Age .... *Regie: Chris Wedge. USA 2002*

Bis ans Ende der Welt .... *Regie: Peter Weir. USA 2003*
(O: Master and Commander)

Faszination Natur .... *Regie: Gogol Lobmayr. Deutschland 2004*
(O: Seven Seasons)

Déjà-vu im Regen .... *Regie: Oliver Dahan. USA 2004*
(O: Déjà Vu in the Rain)

The Day After Tomorrow ... *Regie: Roland Emmerich. USA 2004*

Die Reise der Pinguine .... *Regie: Luc Jacquet. Frankreich 2005*
(O: La marche de l'empereur)

The Flood .... *Regie: Tony Mitchell. USA 2006*

Antarctica – Gefangen im Eis .... *Regie: Frank Marshall. USA 2006*

»Mit den Wettervorhersagen habe ich immer so meine Probleme. Die stimmen ja doch nie!«

»Aber gnädige Frau, die Vorhersagen sind immer korrekt, nur mit dem Datum tun sich die Meteorologen noch etwas schwer.«

Sommermittag

Theodor Storm (1817–1888)

Nun ist es still um Hof und Scheuer,
Und in der Mühle ruht der Stein;
Der Birnenbaum mit blanken Blättern
Steht regungslos im Sonnenschein.

Die Bienen summen so verschlafen;
Und in der offnen Bodenluk,
Benebelt von dem Duft des Heues,
Im grauen Röcklein nickt der Puk.

Der Müller schnarcht und das Gesinde,
Und nur die Tochter wacht im Haus;
Sie lachet still und zieht sich heimlich
Fürsichtig die Pantoffeln aus.

Sie geht und weckt den Müllerburschen,
Der kaum den schweren Augen traut:
»Nun küsse mich, verliebter Junge;
Doch sauber, sauber! nicht zu laut.«

Das Azorenhoch

Karsten Schwanke

Das Azorenhoch ist bei uns das Synonym für schönes Wetter. In unseren Wetterberichten taucht es aber nur dann auf, wenn es sich bis nach Mitteleuropa ausdehnt (in Form eines Hochdruckkeils oder einer kleineren Hochdruckzelle, die sich vom Ursprungshoch abgelöst hat). Das passiert allerdings nicht so häufig. Im Sommer kommen wir manchmal in den Einfluss dieses Hochs – und freuen uns über reichlich Sonnenschein –, doch normalerweise bleibt es draußen auf dem Atlantik. Das Azorenhoch ist eine sehr beständige Erscheinung. Am Rande des subtropischen Hochdruckgürtels bildet es sich über dem Nordatlantik. Trockene und kühle Luft (beides macht die Luft schwer) sinkt aus höheren Luftschichten nach unten und bildet dieses Hochdrucksystem. Über dem warmen Golfstrom erwärmt sich die Luft und verwöhnt die Azoren und Madeira mit dauerhaftem Frühlingswetter.

Doch trotz der riesigen Entfernung ist es (zusammen mit dem Islandtief) für das Wetter in Mitteleuropa von besonderer Bedeutung. Denn zwischen dem Hoch über den Azoren und dem Islandtief werden die Luftmassen direkt aus westlicher Richtung nach Europa geführt. Je nachdem, welches Druckgebilde die Oberhand hat, ist es bei uns eher wechselhaft (mehr Islandtief) oder sonnig (Azorenhoch). Die Wissenschaftler nennen diesen Zweikampf der Drucksysteme – der vor allem unser Winterwetter bestimmt – »Nordatlantische Oszillation«. Sind die beiden Systeme stark ausgeprägt (ist also das Tief besonders »tief« und das Hoch besonders »hoch«), beschert uns diese Luftdruckschaukel regnerisches und mildes Westwindwetter.

Ist aber der Druckunterschied zwischen den beiden eher gering, kann sich bei uns trockene kalte Luft aus Russland ausbreiten.

Krustentiere vom Grill

Sommerzeit ist Grillzeit. Doch es müssen ja nicht immer nur Würstchen auf den Grill kommen. Krusten- oder Schalentiere sind nicht nur sehr gesund, sie verbreiten auch ein Flair von Sonne, Sand und Meer ...

ZUTATEN FÜR 4 PERSONEN:

20 Gambas (große Scampi), gekocht
12 Garnelen, gekocht
4 Knoblauchzehen
1 rote Peperoni
Saft von 2 Zitronen
frischer Dill
Olivenöl
4 Holzspieße

ZUBEREITUNG:

Die Gambas und die Scampi schälen, waschen, trocken tupfen und mit ein bisschen Zitronensaft beträufeln. Die Knoblauchzehen schälen und fein hacken, die Peperoni klein schneiden. Den Knoblauch, die Peperoni, den Dill in eine Schüssel geben und mit dem Zitronensaft und dem Olivenöl aufgießen. Alles gut verrühren. Die Krustentiere zwei Stunden in die Marinade legen, dann herausnehmen und abtropfen lassen. Je drei Scampi auf einen Holzspieß stecken. Auf dem Holzkohlengrill auf jeder Seite zwei bis drei Minuten grillen.

Dazu einen frischen bunten Salat und Foccaccia sowie einen frischen leichten Weißwein reichen.

In Finnland hatte der Sommer Einzug gehalten,
das ganze Land und das ganze Volk lebten auf. Die Wasser
waren vom Eis befreit, die Menschen erwacht.
Die Sonne schien, der Wind säuselte. Irgendwo in Lestijärvi
buk eine Mutter Schnecken, irgendwo bei Kokkola verursachte
ein betrunkener Autofahrer einen tödlichen Unfall.
Eben das übliche frühsommerliche Treiben.
Arto Paasilinna (geb. 1942)

Hitze oder Regen? Die Antwort weiß der Siebenschläfer

Karsten Schwanke

Es sind nur wenige Tage im Jahr – aber die können uns Wetterfrösche ganz schön auf Trab halten: die sogenannten Lostage. Tage, die seit alters her eine große Bedeutung für das Orakeln rund ums Thema Wetter und Ernte haben. Und die Jahr für Jahr immer wieder für Gesprächsstoff sorgen. Die bekanntesten – und die besten – dieser Lostage dürften die Eisheiligen (11.–15. Mai) und eben der Siebenschläfertag (27. Juni) sein.

»Das Wetter am Siebenschläfertag sieben Wochen bleiben mag«, »Siebenschläfer Regen – sieben Wochen Regen«, oder »Regnet's am Siebenschläfertag, es sieben Wochen Regen mag« – nur einige von vielen Wetterregeln, die den Menschen Ende Juni Sorgenfalten aufs Gesicht zaubern können. Zu Recht, wie wir heute wissen!

Zwar kannten die Wetterbeobachter vergangener Jahrhunderte noch keine Großrechner, geschweige denn Satellitenbilder,

aber sie haben akribisch gen Himmel geschaut. Und eine Grundkonstante der Natur entdeckt: die Erhaltungsneigung. Haben sich die Jahreszeiten erst einmal eingependelt, lassen sie sich in ihren Grundzügen nur noch schwer verändern. Dies gilt vor allem für den Sommer. Anfang Sommer pendelt sich ein Gleichgewicht zwischen den sonnigen Hochdruckgebieten über dem Mittelmeer und der Zugbahn der Islandtiefs ein. Die Trennlinie zwischen Sonne und Regen kann mal nördlicher, mal südlicher liegen. Aber einmal eingeschossen, wird sie sich im Großen und Ganzen ein paar Wochen lang kaum verändern.

Wenn wir nicht penibel auf den 27. Juni schauen, sondern auf die Tage Ende Juni, hat die Siebenschläferregel eine Trefferwahrscheinlichkeit von 67 Prozent. Das ist für eine solche Regel schon ganz passabel.

Noch bessere Vorhersagen liefert die Wetterregel, wenn als Tag der Entscheidung der 7. Juli herangezogen wird (oder eben die Tage um den 7. Juli). Denn die Eigenheiten des Sommerwetters waren schon im Mittelalter bekannt – vor 1582. In jenem Jahr wurden durch die gregorianische Kalenderreform zehn Tage ersatzlos gestrichen. Wenn wir das bei der Interpretation der Wetterregel beachten, trifft sie sogar in acht von zehn Jahren zu.

Der Morgen war sehr mit sich zufrieden,
voller Licht und leuchtender Farben.
Andrea Camilleri (geb. 1925)

Lostage statistisch geprüft

Beobachtungen der Wetterstation Göttingen

Auswahl einiger Lostage und das Klima im Bereich Göttingen:

DATUM:	LOSTAGREGEL:	TREFFERQUOTE:
12. Januar	Wird dieser Tag sehr sonnig, folgt ein sonniger September.	65%
2. Februar (Lichtmess)	Wird dieser Tag unter Hochdruckeinfluss sonnig, gibt es im Februar und März eine erhöhte Anzahl Frosttage.	67%
22., 23. Februar	Ist es an diesen Tagen zu warm, wird der März überdurchschnittlich warm.	62%
	Werden die Tage zu kalt, wird der März zu kalt.	65%
	Bleibt es an diesen Tagen niederschlagsfrei, bleibt es im März überdurchschnittlich trocken.	90%
21. März	Ist der Frühlingsanfang zu warm, wird der Sommer zu warm.	68%
28. März	Ist es um diesen Tag herum überdurchschnittlich sonnig,	67%

	wird auch der Juli überdurchschnittlich sonnig.	
	Ein sonnenscheinarmer Frühlingsbeginn zieht einen sonnenscheinarmen Juli nach sich.	62%
25. Mai	Ein zu sonniger Lostag deutet auf einen zu sonnigen September.	60%
	Unterdurchschnittlich viel Sonne an diesem Tag bedeutet unterdurchschnittlich viel Sonne im September.	75%
27. Juni (Siebenschläfer)	Meist entscheidet sich das Sommerwetter in diesem Zeitraum. Liegt das subtropische Azorenhoch weit genug im Norden, dann gibt es einen schönen Sommer. Liegt es über dem Mittelmeer, gibt es einen nass-kalten Sommer.	70%
10. August	Überdurchschnittlich viel Sonne an diesem Tag folgen drei zu trockene Monate.	80%
24. August	Ist dieser Tag zu nass, wird der Oktober und November zu trocken.	80% (Okt.) 67% (Nov.)
1. September	Wird der Septemberbeginn zu kühl, wird der Monat zu kühl;	67%

	wird er zu warm, bleibt auch der September im Durchschnitt zu warm.	60%
25. November	Ist es an diesem Tag niederschlagsfrei, so ist der darauffolgende Februar ebenfalls zu trocken.	80%
	Regnet es dagegen an diesem Tag, so ist mit einem feuchten Februar zu rechnen.	60%
25./26. Dezember	Ist es Weihnachten kalt, wird der darauffolgende Februar zu warm, der Winter kurz.	60%

Wenn Sommer ist in Feld und Flur,
blüht am See die Nacktkultur.

... Es war so heiß, dass die Bäume
den Hunden nachliefen. Auch hier im Saal ist es
sehr warm. Was halten Sie davon, wenn
wir die Jacken ausziehen und die Türen öffnen?
Curt Goetz (1888–1960)

Sonntag am Strand

Hermann Löns (1866–1914)

Es ist heute Sonntag, und deshalb fliehe ich den Strand, er wimmelt von Menschen. In hellen Haufen quellen sie aus den Dampfern und stürzen sich vor den Landungsbrücken auf den schmalen Strich weißen Sandes zwischen See und Land.

Es ist Mittagszeit, die See hält ihre Unterstunde. Nur schwach, wie ein leises Atmen, kommt ihr Rauschen bis zu mir her, und es will mich bedünken, als tuschelten die Pappeln nur leise und als flüstere das hohe Rohr verstohlen, um sie nicht aufzuwecken, damit sie nicht böse werde und mit mürrischem Grollen auf den Strand springe. Selbst die Hänflinge schwatzen nicht so laut, wie es sonst ihre Art ist.

Der Weise äußert sich vorsichtig,
der Narr mit Bestimmtheit über das Wetter.
Wilhelm Busch (1832–1908)

Wenn man mit einer jungen Dame vom
Wetter redet, vermutet sie, dass man etwas ganz anderes
im Sinn hat. Und meistens hat sie recht.
Oscar Wilde (1854–1900)

Blumen flattern Sommer

Wilhelm Runge (1884–1918)

Blumen flattern Sommer
Duften nimmt beide roten Backen voll
Falter wiegen Wald
Goldkäfer schreien
Mücken strampeln himmelauf und ab
heiß im Arm der Fische hängt das Bächlein
Unken patscht Libellenflügel wach
Zweige lachen
tuscheln
sonnen
strömen
Vögel wogen Wiesen
liegen flach
ziehn die Ahorndolden an den Händen
böse schelten Bienen in den Bart
Zwitschern streckt die sommerschweren Glieder
taumelnd tollt des Atems Flügelschlag
und der Augen wilde Rosen springen.

Hundstage (23. Juli bis 23. August) hell und klar
Zeigen ein gutes Jahr

Das Wetter und die Revolution

Aus »Cesare Lombroso«

Ermanno Cavazzoni (geb. 1947)

Auch die Revolutionen werden, als kriminelle Äußerungen, stark von der Witterung beeinflusst. In einer Schrift aus dem Jahr 1887 beweist Lombroso, dass in der Antike die größte Anzahl von Revolutionen im Juli verzeichnet wird und die niedrigste im November. In Rom und Byzanz fallen von 88 Revolutionen 11 auf den April und 10 auf März, Juni, Juli und August. Aus diesen Daten geht hervor, dass in den warmen Monaten die Revolutionen zahlreicher sind als in den kalten. Im Mittelalter ereigneten sich die Revolutionen im Hochsommer, in den späteren Zeiten, von 1550 bis 1791, finden wir 10 im Frühling, 14 im Sommer, 3 im Herbst und 4 im Winter; von 1791 bis 1880 gab es 495 Revolutionen in Europa, 283 in Amerika, 33 in Asien, 20 in Afrika und 5 in Ozeanien.

Was Asien und Afrika betrifft, war der höchste Stand im Juli. In Europa im Juli und im März; in den spanischen Republiken Amerikas im Januar, der dort der heißeste Monat ist. Deutlich zeigt sich darin, so sagt Lombroso, das ausschließliche Überwiegen des thermischen Faktors. Die Anzahl der Revolutionen steigt nämlich von Norden nach Süden, genauso wie die Wärme von Norden nach Süden zunimmt; so haben wir in Griechenland 95 Revolutionen, das heißt das Maximum; und 0,08 in Russland, das Minimum; die niedrigsten Quoten sehen wir in den nordischen Regionen wie England und Schottland, in Deutschland, Polen, Schweden, Norwegen und Dänemark; die höchsten in den südlichen Regionen wie Portugal, Spanien, die europäische Türkei, Süd- und Mittelitalien; mittlere Quoten eben in den zentralen Regionen. Eine bemerkenswerte Ausnahme bildet Irland, wo die Anzahl an Revolutionen der geografischen Lage entgegengesetzt ist. Es ist jedoch anzumerken, dass das irische Klima durch die wohltuende Wärme des Golfstroms ziemlich mild ist. Der Golfstrom hat eine ähnliche Wirkung auf die Kunst und die aufrührerischen Bewegungen der Kunst im Lauf der Jahrhunderte.

Der phänologische Kalender

Der sogenannte phänologische Kalender entstand ab dem 18. Jahrhundert. Ihm liegen langjährige Beobachtungen aus der Meteorologie, Ökologie sowie Land- und Forstwirtschaft zugrunde.

Im Gegensatz zu der uns vertrauten Einteilung des Jahres in vier Jahreszeiten kennt der phänologische Kalender deren zehn. Der Beginn der jeweiligen Jahreszeit wird dabei durch eine bestimmte Wachstumsperiode spezieller Pflanzen bestimmt, die deshalb »phänologische Zeigerpflanzen« genannt werden.

DIE ZEHN JAHRESZEITEN UND
DIE ENTSPRECHENDEN ZEIGERPFLANZEN SIND:

Vorfrühling .... *Blüte von Haselnuss, Schneeglöckchen, Märzenbecher*
Erstfrühling .... *Blüte der Forsythien, die Stachelbeere entwickelt Blätter*
Vollfrühling .... *Blüte der Apfelbäume, die Stiel-Eiche entwickelt Blätter*
Frühsommer .... *Blüte von Roggen, Robinie Schwarzem Holunder*
Hochsommer .... *Blüte der Linden Reife von Johannisbeeren und Winterroggen*

Spätsommer .... *Reife Früchte bei Eberesche oder Frühapfel*
Frühherbst .... *Reife Früchte bei Rosskastanien und Schwarzem Holunder*
Vollherbst .... *Kartoffelernte, Laubverfärbung*
Spätherbst .... *Laubfall, Ende der Vegetationszeit*
Winter .... *Vegetationsruhe*

Regenlied

Klaus Groth (1819–1899)

Walle, Regen, walle nieder,
wecke mir die Träume wieder,
die ich in der Kindheit träumte,
wenn das Nass im Sande schäumte!
Wenn die matte Sommerschwüle
lässig stritt mit frischer Kühle
und die blanken Blätter tauten
und die Saaten dunkler blauten. (...)

Dorfsommer

Rainer Maria Rilke (1875–1926)

... Das Heimweh, welches die vier Menschen schon fast vergessen hatten, kam wieder in einer anderen, unerwarteten Gestalt über sie. Sie sehnten sich nicht mehr nach der Vergangenheit, sondern sie träumten in den heißen Stuben hinter dicht verhangenen Fenstern von dem leichten, luftigen Dorfsommer, dem die kühlen Winde so nachbarlich sind. Von den hellen Feldwegen, über welche die jungen Obstbäumchen ihre ruhend dünnen Schatten legen, sodass man drüber hin wie auf einer Leiter geht, von Strich zu Strich. Von den schweren, reifen Feldern, die so breit und prächtig zu wogen beginnen gegen den Abend zu, und von den Hainen, in deren dunkelnder Stille die schweigsamen Teiche liegen, von denen niemand weiß, wie tief sie sind.

Der Fluch des Sommers – oder: Wie gut sind Wettervorhersagen?

Karsten Schwanke

Ein verzweifelter und an jenem Tag sehr frustrierter Kollege meinte einmal: Das liegt an den Semesterferien! Wir lächelten milde. Immerhin ein Versuch, wenn auch ein lausiger. Die Semesterferien sollen schuld daran sein, dass die Prognosen im Sommer eher ungenauer sind?

Er legte sogar noch nach: Täglich diskutierten wir bei uns an der Uni die Wetterlage. Intensivste Vorbereitung auf den Meteorologenalltag. Doch Gewitter im Hochsommer fanden nicht statt – keiner da ...

Doch selbst wenn wir im Sommer tagtäglich Prognosestunden abgesessen hätten, das verflixte Sommer-Wetter-Problem bliebe uns erhalten. Ein kräftiger Kaltlufteinbruch im Winter, ein richtiger Wetterwechsel, lässt sich oft acht bis zehn Tage im Voraus erahnen. Eine Woche vorher liegen die Prognosen für den Wintereinbruch manchmal nur noch wenige Stunden daneben. Für die Vorhersage, wann die Kaltfront ins Land zieht. Das liegt vor allem an den deutlich ausgeprägten Drucksystemen, die Tiefs haben einen tieferen Luftdruck als im Sommer, Winterhochs einen markant höheren Druck als solche im Sommer. Das macht es den Computermodellen leichter, diese Druckgebiete zu berechnen, zu verfolgen – und letztlich vorherzusagen.

Eine völlig andere Situation finden wir an einem klassischen Sommertag. Ein Tag, der mit Sonnenschein beginnt, mittags die ersten größeren Quellwolken präsentiert und am Nachmittag, spätestens am Abend ein kräftiges Gewitter zur Erde schickt. Es gibt Wetterlagen, da können Sie dieses Spiel ein, zwei Wochen lang erleben, immer und immer wieder.

Und Sie sitzen da, als Meteorologe, und haben am Abend vorher, selbst am frühen Morgen nicht den blassesten Schimmer, wo sich heute Nachmittag die stärksten Gewitter entladen werden. Sie sollen sie aber vorhersagen! Was bleibt?

»Am Nachmittag ist örtlich / hier und da / ab und zu / vereinzelt / immer wieder / auch heute / ... / mit Gewittern zu rechnen.« Nach zwei Hochsommerwochen mit solchen Drahtseilakten sehnen Sie das erste Tief herbei, das eine Warm- und eine Kaltfront hat, das von West nach Ost zieht (wie sich das gehört) und das endlich den Herbst einläutet.

Die Luft schimmerte, erfüllt von einem Sonnenschein,
der mehr war als nur Licht und mehr als nur Hitze,
und von einem Ziegenglöckchen, das leise und ungestört
irgendwo hinter der nächsten Wegbiegung bimmelte.
William Faulkner (1897–1962)

Sommerfrische

Alfred Lichtenstein (1889–1914)

Der Himmel ist wie eine blaue Qualle.
Und rings sind Felder, grüne Wiesenhügel –
Friedliche Welt, du große Mausefalle,
Entkam ich endlich dir ... O hätt ich Flügel –

Man würfelt. Säuft. Man schwatzt von Zukunftsstaaten.
Ein jeder übt behaglich seine Schnauze.
Die Erde ist ein fetter Sonntagsbraten,
Hübsch eingetunkt in süße Sonnensauce.

Wär doch ein Wind ... zerriss mit Eisenklauen
Die sanfte Welt. Das würde mich ergetzen.
Wär doch ein Sturm ... der müsst den schönen blauen
Ewigen Himmel tausendfach zerfetzen.

Südliche Nacht

Kurt Tucholsky (1890–1935)

»Ernste, milde, träumerische – unergründlich süße Nacht!« ...

Die rumänischen Hähne sind eine ganz blödsinnige Gesellschaft. Was ein ordentlicher Hahn ist, so kräht derselbe morgens um fünf seine Hennen aus dem Bett und geht dann an sein Tagewerk. Diese Tiere hier gehen vor. Abends um zehn Uhr krähen sie, und die ganze Nacht krähen sie, und dabei krächzen sie so unangenehm und kreischen; keine Spur jenes ehrlichen deutschen »Kikeriki«. Dann sind da die Hunde. Heute Nacht ist Vollmond. Wie ein wildes Geläute geht es über das Land, Hunderte und Hunderte blaffender Kehlen und unermüdlich rufender Wauwaus. Dann sind da die Heimchen. Kennst Du Heimchen? Gott allein weiß, wozu diese Tiere, die ihr freundliches Diminutiv wirklich nicht verdient haben, auf der Welt sind: Sie sitzen in Mauerritzen und schaben sich mit den Hinterbeinen einen lieblichen Gesang ab, ratsch-ratsch-ratsch machen sie, und wenn sie vierzigtausendmal ratsch gemacht haben, ist der Morgen da. Dann sind da die Katzen. Der Wind rauscht in den Akazien. Ein Fensterladen klappert. »... unergründlich süße Nacht!«

Es ist schwül und heiß. Ich kann nicht schlafen. Allerhand geht mir durch den Kopf. Gedachtes, Gelebtes und Geliebtes. Ich bin fern. Was machen sie zu Hause, in der lieben Brotkartenheimat? Sie organisieren. Ach, sie sollten lieber nicht so viel organisieren! Wir werden das niemals begreifen, dass nicht alles auf der Welt geregelt sein kann, dass es auch gar nicht nötig ist, dass allgemeine Richtlinien vollauf genügen und dass alles Übrige sich durch den gesunden Menschenverstand und durch einen gewissen natürlichen Ausgleich allein regeln muss.

Puch-kchch – rrrums! Draußen kollern die Katzen. Ein eigentümliches Familienleben. Zwei Kater haben sich offenbar überfallen, sie pusten und maunzen und schnauben. Dann schreit einer, bäää – wie ein kleines, unartiges Kind. Etwas fegt um die Ecke. Dann ist's still. Gott segne auch diese Liebe ...

Tausend Heimchen sägen durch die Nacht. Warum heißt es »Das Heimchen am Herd«, wenn sie hier in der freien Natur ihren Spektakel machen dürfen? Ist das schön? Nein, das ist gar nicht schön. Und heiß ist's –

... Jetzt musizieren sie alle mit einem Mal. Hunde und Hähne und Kater und die Heimchenlein und das ganze Heer der Krawallmacher. Die Hitze drückt. Kein Schlaf kommt in meine Augen.

Es gibt ein Gedicht von Liliencron: »Stammelverse nach durchwachter Nacht«, da sind die Stunden der Liebe geschildert, wie sie nicht gewesen sind. »Warum bist du nicht da? – Warum lehnt dein Kopf nicht an meiner Schulter?« Nicht, nicht, nicht ... Ich weiß die Worte nicht mehr. Blonde –

Ist das ein grauer Schein am Fenstervorhang? Das ist der Tag. Was wird er bringen? Arbeit und Dienst und Kummer und Herumlaufen und Berichte und Gespräche – und wenn es ganz gut geht, einen Brief von Dir. Guten Morgen!

Sex on the Beach

Ein süffiger, fruchtiger Cocktail für laue Sommerabende. Aber Vorsicht: In größeren Mengen genossen, könnten sich gewisse »körperliche Ausfallerscheinungen« einstellen.

ZUTATEN:

4 cl Wodka
2 cl Pfirsichlikör
6 cl Cranberrysirup
6 cl Orangensirup

ZUBEREITUNG:

Für den Cocktail alle Zutaten in einen Shaker geben und gut schütteln. In ein Longdrink- oder Ballonglas zwei bis drei Eiswürfel geben und den Cocktail angießen. Nach Belieben garnieren.

Eine andere Variante ist die, den Cocktail nicht zu schütteln, sondern nur zu rühren. Dadurch erhält man einen wunderbar anzuschauenden Farbenmix aus Rot und Orange.

Der UV-Index

Bundesamt für Strahlenschutz

Der UVI ist international einheitlich festgelegt. Er beschreibt den am Boden erwarteten Tagesspitzenwert der sonnenbrandwirksamen UV-Strahlung. An unbewölkten Tagen wird dieser Wert zur Mittagszeit erreicht. Je höher der UVI ist, desto höher ist das Sonnenbrandrisiko. Die Zeit zum Erreichen eines Sonnenbrandes ist dann gering; sie ist für verschiedene Hauttypen unterschiedlich. Schutzhinweise und Zeiten bis zum Erreichen der Sonnenbrandschwelle gelten für den empfindlichen Hauttyp II bei ungebräunter Haut:

UVI 8 und mehr .... *UV-Belastung sehr hoch, Sonnenbrand in weniger als 20 Minuten möglich, Schutzmaßnahmen unbedingt erforderlich.*

UVI 5 bis 7 .... *UV-Belastung hoch, Sonnenbrand ab 20 Minuten möglich, Schutzmaßnahmen erforderlich.*

UVI 2 bis 4 .... *UV-Belastung mittel, Sonnenbrand ab 30 Minuten möglich, Schutzmaßnahmen empfehlenswert.*

UVI 0 bis 1 .... *UV-Belastung niedrig, Sonnenbrand unwahrscheinlich, Schutzmaßnahmen nicht erforderlich.*

Der UVI hängt vor allem vom Sonnenstand ab; er ändert sich daher am stärksten mit der Jahreszeit und der geografischen Breite. Die Ozonsituation in der Atmosphäre, Bewölkung und die Höhenlage eines Ortes spielen ebenfalls eine Rolle. Reflexionen an Sand und Schnee beeinflussen die Höhe des UVI.

Es gibt Orte und Zeiten, da ich es gerne mag,
wenn ein ununterbrochener Regen an die Fenster schlägt.
Heinrich Laube (1806–1884)

Augusttag

Der Anfang von »Der Mann ohne Eigenschaften«
Robert Musil (1880–1942)

Über dem Atlantik befand sich ein barometrisches Minimum; es wanderte ostwärts, einem über Russland lagernden Maximum zu, und verriet noch nicht die Neigung, diesem nördlich auszuweichen. Die Isothermen und Isotheren taten ihre Schuldigkeit. Die Lufttemperatur stand in einem ordnungsgemäßen Verhältnis zur mittleren Jahrestemperatur, zur Temperatur des kältesten wie des wärmsten Monats und zur aperiodischen monatlichen Temperaturschwankung. Der Auf- und Untergang der Sonne, des Mondes, der Lichtwechsel des Mondes, der Venus, des Saturnringes und viele andere bedeutsame Erscheinungen entsprachen ihrer Voraussage in den astronomischen Jahrbüchern. Der Wasserdampf in der Luft hatte seine höchste Spannkraft, und die Feuchtigkeit der Luft war gering. Mit einem Wort, das das Tatsächliche recht gut bezeichnet, wenn es auch etwas altmodisch ist: Es war ein schöner Augusttag des Jahres 1913.

Rätsel

Friedrich Schiller (1759–1805)

Unter allen Schlangen ist eine,
Auf Erden nicht gezeugt,
Mit der an Schnelle keine,
An Wut sich keine vergleicht.

Sie stürzt mit furchtbarer Stimme
Auf ihren Raub sich los,
Vertilgt in einem Grimme
Den Reiter und sein Ross.

Sie liebt die höchsten Spitzen,
Nicht Schloss, nicht Riegel kann
Vor ihrem Anfall schützen;
Der Harnisch – lockt sie an.

Sie bricht, wie dünne Halmen,
Den stärksten Baum entzwei;
Sie kann das Erz zermalmen,
Wie dicht und fest es sei.

Und dieses Ungeheuer hat
Zweimal nie gedroht –
Es stirbt im eignen Feuer:
Wie's tötet, es ist tot!

Auflösung: Der Blitz

O rühmliche Wonne,
Mit Mond und mit Sonne
Zu baden im Meer!
Friedrich Leopold zu Stolberg (1750–1819)

Warum schneit es nie am Südpol?

Karsten Schwanke

Warum diese Frage zwischen den ganzen Sommerthemen? Weil die Temperaturen im Sommer am Südpol die Antwort liefern.

Die Jahresdurchschnittstemperatur an der amerikanischen Amundsen-Scott-Forschungsstation beträgt minus 49 Grad Celsius, der tiefste Wert (im Winter, bei Polarnacht) wurde mit minus 82 Grad gemessen. Und die höchste Temperatur, die jemals am Südpol erreicht wurde, beträgt minus 13,6 Grad Celsius. Das war am 27. Dezember 1978, im Hochsommer der Südhemisphäre – 24 Stunden Polartag, 24 Stunden Sonnenschein.

Diese Kälte verwandelt die Antarktis in die trockenste Wüste, die es auf der Erde gibt. Denn die Temperatur der Luft entscheidet, wie viel Feuchtigkeit die Atmosphäre enthalten kann. Und damit letzten Endes als Regen oder Schnee auf die Erde fallen kann.

Das kennen Sie auch aus Deutschland. Je kälter der Winter ist, desto trockener ist er auch, selbst in unseren Wohnzimmern: Raumbefeuchter laufen nur im Winter. Minus 20 Grad werden nur in sternenklaren, trockenen Nächten erreicht. Feuchtere Luft hingegen, in der sich Wolken bilden können, mit Schneefall, das gibt es nur bei milderen Temperaturen von knapp unter null Grad.

Im hohen Norden Sibiriens fällt der Schnee am Anfang und am Ende des langen Winters (im September/Oktober und im April/Mai). Im Dezember, Januar, Februar ist es viel zu kalt – und zu trocken. Dann fällt der letzte Rest an Luftfeuchtigkeit als klitzekleine Eissternchen aus dem wolkenlosen Himmel.

Ganz im Gegensatz zu einer »klassischen« Wüste wie der Sahara. Die hohen Temperaturen erlauben auch eine wesentlich höhere Menge Wasserdampf in der Luft. Fast täglich entstehen über der Sahara gewaltige Gewitterwolken – auf jedem Satellitenbild schön zu sehen. Das Problem der Trockenheit dort sind allerdings die gleichen hohen Temperaturen. Denn der Regen, der aus den Sahara-Gewittern fällt, verdunstet beim Fallen durch die heiße Luft und erreicht im seltensten Fall die Erdoberfläche.

Zurück zum Südpol: In den Sommermonaten, wenn es wärmer ist als minus 20 Grad, ziehen auch dort Wolken am Himmel entlang und Eissternchen werden aus der Luft auskristallisiert und schwirren durch die Luft. Mehr passiert dort aber nicht. Der Schnee, der auch am Südpol meterhoch liegt, der hat eine weite Reise hinter sich. Dieser Schnee ist am Rand der Antarktis gefallen, dort wo das Meer offen ist und für wesentlich feuchtere Verhältnisse sorgt, wo die Temperaturen im Sommer auch mal auf über null Grad klettern können. Dort schneit es regelmäßig. Und die berüchtigten Stürme, die mit bis zu 300 km/h über das ewige Eis fegen, die verteilen den Schnee über den ganzen Kontinent.

Sagt der eine Bauer zum anderen: »Meine Probleme sind gelöst. Ich habe jetzt eine Feuerversicherung und eine Hagelversicherung.« Fragt ihn der andere: »Und wie machst du den Hagel?«

Vorwiegend heiter

Bekannte deutsche Schlager und ihre Interpreten

Wochenend und Sonnenschein .... *Comedian Harmonists, 1930*
Regen .... *Zarah Leander, 1937*
Wenn bei Capri die rote Sonne
im Meer versinkt .... *Rudi Schuricke, 1943*
Pack die Badehose ein .... *Conny Froboess, 1950*
Südliche Nächte .... *René Carol, 1953*
Am Tag, als der Regen kam .... *Dalida, 1959*
Am Sonntag will mein Süßer
mit mir segeln gehen .... *Dorthe, 1961*
Heißer Sand .... *Mina, 1962*
Frag den Abendwind .... *Françoise Hardy, 1965*
Grau zieht der Nebel .... *Alexandra, 1969*
Barfuß im Regen .... *Michael Holm, 1970*
Er hat ein knallrotes Gummiboot .... *Wencke Myhre, 1970*
Wann wird's mal wieder richtig Sommer .... *Rudi Carrell, 1975*
Schifoan .... *Wolfgang Ambros, 1976*
Ich tausch' den Sommer gegen
sieben Tage Regen .... *Chris Roberts, 1979*
Ein Bett im Kornfeld .... *Jürgen Drews, 1989*
Sommerwind .... *Die Flippers, 1989*

Ich ziehe deshalb den Herbst dem Frühjahr vor, weil das Auge im Herbst den Himmel, im Frühjahr aber die Erde sucht.

Sören Kierkegaard (1813–1855)

Auf der Wetterstation

Aus »Wie ein Reisender in der Winternacht«
Italo Calvino (1923–1985)

Der Wind trieb flockige Wölkchen über den Morgenhimmel, die sich langsam zu streifigen Cirrus-Schleiern verdichteten und dann zu Cumulus-Schichten türmten; gegen halb zehn gab es einen Regenschauer, von dem der Niederschlagsmesser einige Zentiliter bewahrte; kurzzeitig folgte ein unvollständiger Regenbogen; dann verdunkelte sich der Himmel, der Schreibarm des Druckmessers fiel rapide und machte eine fast senkrechte Linie; Donner krachte, und Hagel prasselte los. Mir war da oben auf meiner Plattform, als hätte ich Stürme und Sonnenschein, Blitze und Finsternis in meiner Hand ...

Der Vorabend der Reise

Hugo von Hofmannsthal (1874–1929)

Hier unter dem Schatten des großen Ahorn, hier, wo ein Hahnenruf, ein Grillenzirpen, das Rauschen des kleinen Baches die Welt bedeuten, erscheint diese dreitägige Reise schon wie ein Traum. Und doch war sie wirklich: so wirklich wie ein Gang zum Brunnen, ein Niederbeugen, das Löschen eines tiefen Durstes in eiskaltem, felsentsprungenem Wasser ... Es musste ein Abend vorhergehen, ein wundervoller Vorabend: jener eine Abend, der in jedem Jahre einmal kommt, früher oder später; jener einzige Abend, an welchem die Fülle des Sommers auf einmal da ist; die Sonne ist längst gesunken, doch steht noch immer im Westen ein Abgrund von Licht; drüber entzündet sich wie eine Fackel der Abendstern; die Berge, die dunklen Schluchten zwischen den Bergen glühen von innerem purpurblauem Feuer; ein unsäglich leichter Hauch geht wie ein Atem von Baum zu Baum; manchmal schleift er lüstern an dem Boden hin, ergreift ein frischgesponnenes Laken, das da zum Bleichen liegt, und bläht es wie ein Segel; dann schwillt vor innerer Kraft das Wasser in den Brunnentrögen, wie droben die Sterne überschwellen vor Glanz; stärker gurgelt es in den hölzernen Rohren, verlangender rauscht es aus dem Felsspalt hervor, wundervoller braust der ferne Wassersturz, als drängte es den dunklen Berg, die starre Wand, ihr Inneres hinzugeben; von den Hängen, von den Matten lässt sich der Heuduft nieder, langsam kreisend; Wanderern gleichen die Bündel Heu, hingesunkenen Ermüdeten, Stehenden, am Pilgerstabe erstarrt, schlafend in der Gebärde des Wanderns; und jeder Schatten der Nacht, dort am Waldrand, da auf dem Altan, jeder gleicht einem Wanderer, der sich hinließ, in den Mantel gewickelt, mit dem ersten Frühstrahl leicht aufzuspringen, mit dem ersten Schritte weiterzuwandern.

Den nächsten Morgen begann die dreitägige Reise ...

Der Sturm sprang so plötzlich heran, als habe er
im Hinterhalt gelegen. Über den daherjagenden Wetterwolken
lächelte ein ruhiger, silbriger Himmel weiter.
Umso mehr erschien die Sturmbö als eine bösartige Attacke.

Sten Nadolny (geb. 1942)
in »Die Entdeckung der Langsamkeit«

Erntegewitter

Conrad Ferdinand Meyer (1825-1898)

Ein jäher Blitz. Der Erntewagen schwankt.
Aus seinen Garben fahren Dirnen auf
Und springen schreiend in die Nacht hinab.
Ein Blitz. Auf einer goldnen Garbe thront
Noch unvertrieben eine frevle Maid,
Der das gelöste Haar den Nacken peitscht.
Sie hebt das volle Glas mit nacktem Arm,
Als brächte sie's der Glut, die sie umflammt,
Und leert's auf einen Zug. Ins Dunkel wirft
Sie's weit und gleitet ihrem Becher nach.
Ein Blitz. Zwei schwarze Rosse bäumen sich.
Die Peitsche knallt. Sie ziehen an. Vorbei.

Regen wird es geben ...

... wenn Kapuzinerkresse und Fuchsien »schwitzen«.
... wenn die Sonnenblumen am Morgen ihre Blüten nicht öffnen.
... wenn der Klee seine Blüten hängen lässt.

Buchen sollst du suchen?

Am Horizont baut sich drohend ein Gewitter auf. Noch grollt der Donner aus der Ferne, doch er kommt langsam näher. Wie weit ist das Gewitter eigentlich noch entfernt? Als Faustregel gilt: Folgt der Donner im Abstand von drei Sekunden auf den Blitz, ist das Gewitter nur noch ca. einen Kilometer weit weg. Schutz suchen sollte man jedoch schon früher, denn Wasser kann Blitze kilometerweit leiten. Also heißt es als Erstes: schleunigst weg von offenen Gewässern und nix wie raus aus dem Schwimmbad.

Auch vor der altbekannten Volksweisheit muss dringendst gewarnt werden:

Vor den Eichen sollst du weichen,
Die Fichten wähl' mitnichten,
Auch die Weiden musst du meiden,
Aber Buchen sollst du suchen.

Diese stimmt mitnichten. Ganz gleichgültig, um welche Baumart es sich handelt, nichts, was über die Umgebung hinaus in die Höhe ragt – ob es sich um einen Baum, einen Hochspannungsmast oder einen schlichten Hügel handelt –, ist vor einem Blitzschlag gefeit. Am sichersten ist man in einem Haus (noch besser, wenn es einen Blitzableiter hat) und im Auto, denn dieses leitet nach dem physikalischen Prinzip des Faraday'schen Käfigs den Blitz nach außen in den Boden ab.

Wenn sich jedoch weit und breit kein Unterstand bietet, bleibt nur eines: in die Hockstellung zu gehen, also sich auf den Boden zu kauern, die Arme an den Körper zu legen und den Kopf einzuziehen. Und möglichst in Ruhe abzuwarten, bis sich das Gewitter wieder verzogen hat.

Tiere als Wetterboten

Aus »Der Nachsommer«
Adalbert Stifter (1805–1868)

» … jetzt habe ich aber ein anderes Anliegen an Eure Güte, das mir näher am Herzen ist.«

»Und dieses nähere Anliegen?«, fragte er.

»Dass Ihr mir endlich sagt«, antwortete ich, »wie Ihr zu einer so entschiedenen Gewissheit in Hinsicht des Wetters gekommen seid.«

»Der Wunsch ist ein sehr gerechter«, entgegnete er, »und umso gerechter, als Eure Meinung über das Gewitter der Grund gewesen ist, weshalb Ihr zu unserem Hause heraufgegangen seid …«

»Die Luft hatte schon gestern vormittags die tiefe und finstere Bläue«, erwiderte ich, »welche dem Regen vorangeht, und die Wolkenbildung begann bereits am Mittage und schritt sehr rasch vorwärts.«

»Bis hieher habt Ihr recht«, sagte mein Begleiter, »und die Natur hat Euch auch recht gegeben, indem sie eine ungewöhnliche Menge Wolken erzeugte. Aber es gibt auch noch andere Merkmale, als die wir bisher besprochen haben, welche Euch entgangen sind. Ihr werdet wissen, dass Anzeichen bestehen, welche nur einer gewissen Gegend eigen sind und von den Eingebornen verstanden werden, denen sie von Geschlecht zu Geschlecht überliefert worden sind … Solche Anzeichen hat auch diese Gegend, und es sind gestern keine eingetreten, die auf Regen wiesen.«

»Merkmale, die nur dieser Gegend angehören«, erwiderte ich, »konnte ich nicht beobachten; aber ich glaube, dass diese Merkmale allein Euch doch nicht bestimmen konnten, einen so entscheidenden Ausspruch zu tun, wie Ihr getan habt.«

»Sie bestimmten mich auch nicht«, antwortete er, »ich hatte auch noch andere Gründe.«

»Nun.«

»Alle die Vorzeichen, von denen wir bisher geredet haben, sind sehr grobe«, sagte er, »und werden meistens von uns nur mittelst räumlicher Veränderungen erkannt, die, wenn sie nicht eine gewisse Größe erreichen, von uns gar nicht mehr beobachtet werden können ... Die Anzeichen können daher auch täuschen. Es sind aber noch viel feinere Vorrichtungen vorhanden, deren Beschaffenheit uns ein Geheimnis ist, die von Ursachen, die wir sonst gar nicht mehr messen können, noch betroffen werden und deren Wirkung eine ganz gewisse ist.«

»Und diese Werkzeuge?«

»Sind die Nerven.«

»Also empfindet Ihr durch Eure Nerven, wenn Regen kommen wird?«

»Durch meine Nerven empfinde ich das nicht«, antwortete er. »Der Mensch stört leider durch zu starke Einwirkungen, die er auf die Nerven macht, das feine Leben derselben, und sie sprechen zu ihm nicht mehr so deutlich, als sie sonst wohl könnten ... Ich meine die Nerven der Tiere.«

»Es wird wohl wahr sein, was Ihr sagt«, antwortete ich. »Die Tiere hängen mit der tiefer stehenden Natur noch viel unmittelbarer zusammen als wir. Es wird nur darauf ankommen, dass diese Beziehungen ergründet werden und dafür ein Ausdruck gefunden wird, besonders, was das kommende Wetter betrifft.«

»Ich habe diesen Zusammenhang nicht ergründet«, entgegnete er, »noch weniger den Ausdruck dafür gefunden; beides dürfte in dieser Allgemeinheit wohl sehr schwer sein; aber ich habe zufällig einige Beobachtungen gemacht ... die eine Voraussage mit fast völliger Gewissheit möglich machen. Viele Tiere sind von Regen und Sonnenschein so abhängig, ja bei einigen handelt es sich geradezu um das Leben selber, je nachdem Sonne oder Regen ist, dass ihnen Gott notwendig hat Werkzeuge geben müssen, diese Dinge vorhinein empfinden zu können ... Es gibt einige, die ihre Nahrung finden, wenn es feucht ist, andere verlieren sie in diesem Falle. Manche müssen ihren Leib vor Regen bergen, manche ihre Brut in Sicherheit bringen. Viele müssen ihre für den Augenblick aufgeschlagene Wohnung verlassen oder eine andere Arbeit suchen. Da nun die Vorempfindung gewiss sein muss, wenn die daraus folgende Handlung zur Sicherung führen soll, da die Nerven schon berührt werden, wenn noch alle menschlichen wissenschaftlichen Werkzeuge schweigen, so kann eine Voraussage über das Wetter, die auf eine genaue Betrachtung der Handlungen der Tiere gegründet ist, mehr Anhalt gewähren als die aus allen wissenschaftlichen Werkzeugen zusammengenommen.«

»Ihr eröffnet da eine neue Richtung.«

»Die Menschen haben darin schon vieles erfahren ... Warum, damit ich ein Beispiel anführe, steigt der Laubfrosch tiefer, wenn Regen folgen soll, warum fliegt die Schwalbe niedriger und springt der Fisch aus dem Wasser? Die Gefahr zu irren wird wohl bei oftmaliger Wiederholung der Beobachtung und bei sorglicher Vergleichung geringer; aber das Sicherste bleiben immer die Herden der kleinen Tiere. Das habt Ihr gewiss schon gehört, dass die Spinnen Wetterverkündiger sind und dass die Ameisen den Regen vorhersagen. Man muss das Leben dieser kleinen Dinge betrachten, ihre häuslichen Einrichtungen anschauen, oft zu ihnen kommen, sehen, wie sie ihre Zeit hinbringen, erforschen, welche Grenzen ihre Gebiete haben, welche die Bedingungen ihres Glückes sind und wie sie denselben nachkommen. Darum wissen Jäger, Holzhauer und Menschen, welche einsam sind und zur Betrachtung dieses abgesonderten Lebens aufgefordert werden, das meiste von diesen Dingen und wie aus dem Benehmen von Tieren das Wetter vorherzusagen ist ... Von dem, was die kleinen Tiere tun, wenn Regen oder Sonnenschein kommen soll, oder wie ich überhaupt aus ihren Handlungen Schlüsse ziehe, kann ich jetzt nicht reden, weil es zu umständlich sein würde, obwohl es

merkwürdig ist; aber das kann ich sagen, dass nach meinen bisherigen Erfahrungen gestern keines der Tierchen in meinem Garten ein Zeichen von Regen gegeben hat, wir mögen von den Bienen anfangen, welche in diesen Zweigen summen, und bis zu den Ameisen gelangen, die ihre Puppen an der Planke meines Gartens in die Sonne legen, oder zu dem Springkäfer, der sich seine Speise trocknet. Weil mich nun diese Tiere, wenn ich zu ihnen kam, nie getäuscht haben. So folgerte ich, dass die Wasserbildung, welche unsere gröberen wissenschaftlichen Werkzeuge voraussagten, nicht über die Entstehung von Wolken hinausgehen würde, da es sonst die Tiere gewusst hätten. Was aber mit den Wolken geschehen würde, erkannte ich nicht genau, ich schloss nur, dass durch die Abkühlung, die ihr Schatten erzeugen müsste, und durch die Luftströmungen, denen sie selber ihr Dasein verdankten, ein Wind entstehen könnte, der in der Nacht den Himmel wieder rein fegen würde.«

»Und so geschah es auch«, sagte ich.

Bauernregel

Ludwig Uhland (1787–1862)

Im Sommer such' ein Liebchen dir
In Garten und Gefild!
Da sind die Tage lang genug,
Da sind die Nächte mild.

Im Winter muss der süße Bund
Schon fest geschlossen sein,
So darfst nicht lange stehn im Schnee
Bei kaltem Mondenschein.

Wie aus einem Gewitter ein Hurrikan wird – ein Versuch, die Corioliskraft zu beschreiben ...

Karsten Schwanke

Im September beginnt der Herbst. Zumindest in der Luft: Die Tage werden spürbar kürzer, die Nächte kühler – selbst wenn es nachmittags noch mal 28 Grad gibt –, die Sommerschwüle ist weg, und abends kühlt es auch schneller ab. Wie gesagt: in der Luft. Denn im Wasser ist alles anders. Das Meerwasser erreicht im September die höchsten Werte. Im östlichen Mittelmeer 27 Grad, im Roten Meer fast 30 Grad, und auch der tropische Atlantik protzt mit 28 Grad. Der September ist damit aber nicht nur der badewannentauglichste Monat, sondern auch der energiereichste. Bei diesen hohen Temperaturen verdampft so viel Wasser aus dem Ozean, wie sonst das ganze Jahr über nicht. Und das bleibt nicht folgenlos: Der September ist die Hochsaison der Hurrikane, dieser riesengroßen Wirbelstürme, die gut und gern 1000 Kilometer im Durchmesser erreichen können. Die nicht allein wegen der Orkanböen, sondern auch wegen der ungeheuren Regenwassermassen zerstörerisch wirken.

Die Wiege der atlantischen Hurrikane liegt im äquatorialen Afrika. Hier gehen jeden Nachmittag und Abend ungeheure Gewitter nieder. Es sind keine einzelnen Gewitter, sondern ganze Cluster, Zusammenballungen von Gewitterwolken, die halb so groß wie Deutschland sind. Diese Gewitterwolken ziehen mit den östlichen Winden am Äquator hinaus auf den Atlantik, in den Golf von Guinea. Jetzt kommt das warme Meerwasser ins Spiel: Die Gewitterwolken werden nicht etwa schwächer (wie es ihnen über der Nordsee ergehen würde), sondern noch mächtiger, weil noch mehr Wasserdampf nach oben gelangt.

Doch auch ein Riesen-Gewittercluster macht noch keinen Hurrikan. Erst wenn sich dieses Gebilde anfängt zu drehen, dann wird es spannend! Und genau für diese Drehung ist die ominöse Corioliskraft verantwortlich, eine Lieblingskraft der Meteorologen, ohne die es kein Hoch, kein Tief – und eben auch keinen Hurrikan geben würde. Ominös deshalb, weil die Corioliskraft eine Scheinkraft ist. Sie existiert nämlich nur, weil sich die Erde dreht.

Haben Sie einen Globus zu Hause? Dann setzen Sie sich davor – und drehen Sie ihn. So, wie sich die Erde dreht, links herum, entgegengesetzt zum Uhrzeigersinn. Jetzt schauen Sie sich zwei Punkte auf der Erde an: einen Ort in der Nähe des Nordpols (zum Beispiel die Nordspitze Grönlands) und einen Ort am Äquator. Der Ort am Äquator legt bei einer Drehung einen großen Weg zurück – Grönland einen wesentlich kleineren. In der Realität bewegt sich das Dorf am Äquator mit 1669 km/h – während die Drehgeschwindigkeit am Nordpol null ist. In diesem Gegensatz steckt die Ursache für den Corioliseffekt. Eine Wolke, die von Grönland nach Süden wandert, besitzt eine geringe Drehgeschwindigkeit aus den hohen nördlichen Breiten – und diese geringe Drehgeschwindigkeit aus ihrer Heimat nimmt sie mit. Mit jedem Kilometer in Richtung Äquator legt die Drehgeschwindigkeit auf der Erdoberfläche unter ihr aber zu. Die Erde dreht sich unter unserer Wolke immer schneller von West nach Ost. Und unsere Wolke kommt auf eine schiefe Bahn: Sie wird immer weiter nach rechts abgelenkt.

Mit einem Stück Kreide können Sie sich das noch besser vorstellen. Nehmen Sie die Kreide, und lassen Sie diese an der Globushalterung (also gerade) von Grönland nach Süden wandern. Während Sie den Globus drehen. Von außen betrachtet hat die Kreide einen geraden Weg – entlang der Globushalterung – genommen. Aber auf dem Globus selbst ist die Kreidelinie gekrümmt, nach rechts abgelenkt. Auf der Südhalbkugel funktioniert das genauso – nur dass dort die Ablenkung nach links erfolgt (deshalb drehen sich Hochs und Tiefs auf der Südhalbkugel genau andersherum als bei uns). Unmittelbar am Äquator, wo die Nord- und die Südhalbkugel zusammenprallen, ist dieser Effekt gleich null. Deshalb gibt es am Äquator auch keine Wirbelstürme. Aber mit ein bisschen Abstand zum Äquator (so ab sieben Grad nördlicher Breite) greift der Ablenkungsmechanismus der Corioliskraft – und die Verwirbelung der afrikanischen Riesengewitter kann beginnen. Und wenn dieses anfänglich leicht rotierende Wolkenmeer noch ein bisschen weiter zieht, immer schön über warmes Wasser hinweg, nimmt das Unheil seinen Lauf – aus einem Gewitterwolkenklumpen wird ein tropisches Tief, das zu einem Tropischen Sturm mutiert und schließlich ein Hurrikan werden kann.

Septembermorgen

Eduard Mörike (1804–1875)

Im Nebel ruhet noch die Welt,
Noch träumen Wald und Wiesen:
Bald siehst du, wenn der Schleier fällt,
Den blauen Himmel unverstellt,
Herbstkräftig die gedämpfte Welt
In warmem Golde fließen.

Stelle dich dem Regen entgegen, lass die eisernen Strahlen dich durchdringen, gleite in dem Wasser, das dich fortschwemmen will, aber bleibe doch, erwarte so aufrecht die plötzlich und endlos einströmende Sonne.

Franz Kafka (1883–1924)

... Und der Herbst streicht pinselnd die Natur.
Lieber Herbst – streich doch lieber bei mir zu Hause den Flur.
Ulrich Roski (1944–2003)

Golden October

Ein Cocktail so rot wie das Herbstlaub ...

ZUTATEN:

5 cl roten Vermouth; 3 cl Campari; 1 Orangenscheibe
Sekt oder Champagner; 2–3 Eiswürfel

ZUBEREITUNG:

Den Vermouth und den Campari zusammen mit den Eiswürfeln in einen Shaker geben und gut schütteln. Durch ein Sieb in ein Longdrinkglas geben. Den Saft der Orangenscheibe ins Glas ausdrücken und das Ganze mit Sekt oder Champagner aufgießen.

Macht selten die Worte,
dann geht alles von selbst.
Ein Wirbelsturm dauert keinen Monat lang.
Ein Platzregen dauert keinen Tag.
Lao-Tse (6. Jahrhundert v. Chr.)

Platzende Kometen

Paul Scheerbart (1863–1915)

Es wird immer dunkler und so schwül. Blitze zucken, aber es donnert nicht. Jetzt pfeift es oben – so gellend wie Lokomotiven, die Angst haben vorm Tunnel. Und nun fliegen Hagelstücke runter, große Hagelstücke und kleine Hagelstücke. Sie sind nicht rund, sie sind zackig und kantig wie schlecht gehauener Zucker. Aber Zucker ist das nicht – es schmeckt kühl und herzhaft. Und jetzt rauscht es oben in den Wolken. Die Wolken jagen blitzschnell vorbei. Ein Sturm wirbelt durchs Land. Die Bäume brechen ab, die Dachziegel fliegen mit Blumentöpfen, Menschenhüten und flatternden Krähen weit weg – ins freie Feld. Es hagelt dabei und regnet.

Der Regen schmeckt so kühl und herzhaft wie die Hagelstücke.

Da steckt was Seltsames drin in diesem Hagel und in diesem Regen.

Die Gelehrten fahren mit ihren Galakutschen aufs Rathaus und halten dort lange Reden; alle Gelehrten haben Hagelstücke in der Hand, einige haben noch Flaschen mit dem neuen Regenwasser.

Die Gelehrten reden ausgezeichnet, und währenddem hagelt's und regnet's draußen immer stärker. Und der Sturm heult – heult. Im Rathause erklären die klugen Gelehrten, dass das kein gewöhnlicher Hagel sei – auch kein gewöhnlicher Regen. Und sie kosten alle von den Hagelstücken und trinken das Regenwasser.

Und sie sagen, da sei ein neuer Stoff drin – im Himmel müsse ein Komet geplatzt sein – es müsse ganz bestimmt ein Komet gewesen sein. Kometensalz ist der neue Stoff. Er wirkt nur so komisch.

Wer das neue Salz gekostet hat, dem zieht so was Weiches durch alle Glieder, und die Gedanken werden so einfach. Das Kometensalz ist verführerisch wie Alkohol. Das Kometensalz brennt aber nicht hinten im Munde und unten im Leibe, reizt nicht auf – es macht genügsam – still. Die Menschen, die das Salz im Magen haben, können bald ihre Gedanken nicht mehr sammeln. Es ist den Menschen, als ginge alles fort.

Und dann bleiben die Menschen stehen und gehen nicht weiter, ihre Glieder werden steif und hart wie Holz, und der erhobene Arm will nicht mehr runter; die Hand, die den Hut zum Grüßen zog, bleibt mit dem Hute oben in der Luft.

Allmählich verhallt der Sturm, und das Wetter wird wieder besser.

Beim hellen Sonnenschein merkt man aber erst den Umfang der ganzen Geschichte.

Zehn nasse Soldaten auf dem Übungsplatze vor der Kaserne stehen auf einem Bein kerzengerade, doch das andere hochgehobene Bein geht nicht runter. Eine Bäckersfrau stößt dem einen Soldaten in die Seite, und alle zehn fallen um wie hölzerne Soldaten aus einer Spielschachtel. Die Luft ist wieder still. Und die Menschen lecken an dem Kometensalz, das massenhaft die Erde bedeckt. Die Tiere lecken auch an dem Kometensalz.

Und dann bleiben die Menschen und die Tiere nach und nach sämtlich auf der Straße und in den Häusern in seltsamen Stellungen stehen – sitzen – oder – liegen. Den Hunden bleibt das Maul offen. Die Vögel überschlagen sich in der Luft, fallen mit steifen Flügeln auf die Salzhaufen und rühren sich nicht mehr. Ein Leichenzug steht vor einer Kirche und kann nicht weiter.

Die Bäume werden ebenfalls starr. Die Trauerbirken und die Trauerweiden verharren in Windstellung – mit weit weggewehten Ästen –, als wütete noch immer der große Sturm. Und die Luft ist doch so still. Und die Menschen und Tiere sind auch so still, als wüssten sie gar nichts mehr zu sagen.

Ein Schutzmann sitzt auf einer Parkbank unbeweglich mit einem Strolch zusammen – sie sehen sich unablässig an. Ein Regiment dekorierter Nachtwächter befindet sich vor dem Rathaus in konstanter Präsentierstellung. Die Kinder sind in der Schule nicht mehr zu hören – so ruhig sind sie. Und im Rathause sitzen die Gelehrten wie Wachspuppen da. Der Bürgermeister, der das Salz nicht anrührte, schleppt sich müde nach Hause, trinkt im Sorgenstuhl vor seinem Schreibtisch ein Glas Wasser und sieht am Ofen seine Frau – sie ist unbeweglich wie ein abgeschiedener Geist.

Der Bürgermeister fasst sich an den Kopf und ruft plötzlich angstvoll: »Franziska! Das ist die neue Zeit!« Aber er kann den Mund nicht mehr zumachen – das Salz hat auch ihn gepackt – es war im Wasserglase. Das furchtbare Kometensalz ist überall! In der Residenz sitzt der König auf seinem Throne und hält immerfort das Szepter – regiert aber nicht –, denn alle seine Untertanen sind so steif wie er selbst.

Pflanzen sehen voraus, wie der Winter wird

Auch Pflanzen sind »wetterfühlig«. Doch sie leiden nicht nur unter für sie schlechtem Wetter, also etwa, wenn es zu heiß, zu kalt, zu nass oder zu trocken ist. Pflanzen wissen, ob beispielsweise der anstehende Winter hart oder lang wird, und reagieren bereits im Herbst darauf. Wenn wir im September und Oktober mit offenen Augen durch die Natur gehen, können wir u. a. folgende vielsagenden Hinweise finden:

Wenn die Königskerze nicht wie gewohnt mit ihren Blüten hoch aufgerichtet, sondern tief im Stängel steht, ist mit früh einsetzendem Schneefall zu rechnen.

Oder wenn die Stechpalmen nur wenige Beeren tragen, wird es einen milden Winter geben.

Das Gleiche gilt, wenn die Früchte der Berberitze nicht kurz und dick, sondern lang und schmal ausfallen.

Der Walfafisch oder das Überwasser

Christian Morgenstern (1871–1914)

Das Wasser rinnt, das Wasser spinnt,
bis es die ganze Welt gewinnt.
Das Dorf ersäuft,
die Eule läuft,
und auf der Eiche sitzt ein Kind.

Dem Kind sind schon die Beinchen nass,
es ruft: »Das Wass, das Wass, das Wass!«
Der Walfisch weint
und sagt: »Mir scheint,
es regnet ohne Unterlass.«

Das Wasser rann mit Zasch und Zisch,
die Erde ward zum Wassertisch.
Und Kind und Eul,
o greul, o greul –
sie frissifraß der Walfafisch.

Der Sturm sprach einst: »Ich kenne die Welt;
denn ich zerpflücke sie.«
Da sprach der Reif: »Ich kenne die Welt;
denn ich erdrücke sie.«
Die Sonne lachte: »Ich kenne sie besser, denn ich beglücke sie.«
Carmen Sylva (1843–1916)

Oktobertag

Aus »Beinarbeit«
Katy Munger (geb. 1956)

Der Oktobertag hatte sich zum spektakulären Altweibersommer gewandelt, den man nur in den beiden Carolinas, Nord und Süd, antrifft. Der Himmel war von einem klaren, hellen Blau mit weißen Trickfilmwolken, die auf einer kühlen Brise dahinsegelten. Die Luft roch frisch, als ob sie über einem sauberen Ozean ausgetauscht worden wäre, nur um meinen Lungen eine Freude zu machen. Sogar der Highway sah frisch und jungfräulich aus, der frisch geteerte Asphalt eingefasst in Reihen von Hartholzbäumen, die ihre tief orangefarbenen und gelben Blätter im Wind flattern ließen.

Schade, dass ich mit jemandem zusammen im Auto steckte, den ich verabscheute, statt über diese friedvoll aussehenden Hügel zu wandern.

Wie ein Weg im Herbst: Kaum ist er reingekehrt,
bedeckt er sich wieder mit trockenen Blättern.
Franz Kafka (1883–1924)

Das Wetter morgen: frühzeitig benebelt.
Freud'scher Versprecher

Die Windmühle

Heinrich Zschokke (1771–1848)

Ein Reisender hatte gesehen, wie man in andern Ländern, wo man nicht Wasser genug hat, hölzerne Mühlen baut, deren Flügel man immer dem Strom des Windes entgegenrichtet, indem man die Mühle umdreht. Als er nun heimkam und bemerkte, wie der Wind von Sonnenaufgang wehte, sprach er: »Ich will klüger sein als die Leute in der Fremde, die nur mit schlechtem Holz bauen.« Also errichtete er ein großes festes Mühlhaus und baute die Windflügel fest gegen Sonnenaufgang. Aber nach einigen Tagen änderte sich die Luft, und der Wind kam von Abend her. Da half ihm sein schönes Haus nichts, er konnte nicht mehr mahlen und musste Hunger leiden.

Nutzanwendung. Daraus lernt man, es solle keiner darauf bauen, von wannen der Wind heute kommt.

Wenn der liebe Gott das Wetter macht, bringt er oft was durcheinander. Ich kenne das von meinem Opa, und Gott ist ja auch noch viel älter. Deshalb stimmt auch der Wetterbericht oft nicht.

Aus einem Schulaufsatz

Oktoberhimmel voller Sterne hat warme Öfen gerne.

Sprichwort

Im Herbst bei kaltem Wetter
fallen vom Baum die Blätter.
Donnerwetter,
im Frühjahr dann,
sind sie wieder dran –
sieh mal an.
Heinz Erhardt (1909–1979)

Wolken in jedem Stockwerk

Jede Wolke ist anders. Ist ein Fingerabdruck des Himmels. Und trotzdem können sie kategorisiert werden. Im Jahre 1802 vergab Luke Howard den Wolken lateinische Namen: Er unterteilte sie in *Cumulus* (Haufenwolke), *Stratus* (Schichtwolke), *Cirrus* (lateinisch für »Haarlocke« – Schleierwolken) und *Nimbus* (Regenwolken).

Heutzutage werden die Wolken – ganz offiziell – in vier Gruppen eingeteilt – je nachdem, in welcher Höhe sich die Wolkenuntergrenze befindet. So gibt es tiefe Wolken (Cumulus und Stratus), mittelhohe (mit der Vorsilbe »Alto«) und hohe (Vorsilbe »Cirrus«) sowie Wolken, die sich über alle drei Stockwerke erstrecken (Nimbus). Innerhalb dieser vier Gruppen gibt es wiederum Gattungen, Arten, Unterarten und auch deren Kombinationen.

Ein schönes Beispiel: *Altocumulus stratiformis translucidus* – größere Schäfchenwolke, in einer Schicht liegend, die Sonne kann durchscheinen.

Die Stockwerke im Einzelnen:

STOCKWERK:	HÖHE IN DEN MITTLEREN BREITEN:	TEMPERATUR:
Hohes	5–13 km	-20 bis -60° C
Mittleres	2–7 km	0 bis -30° C
Tiefes	0–2 km	15 bis 0° C

Die Wolkenfamilien wiederum werden in Gattungen unterteilt.

WOLKENGATTUNGEN DES HOHEN STOCKWERKES

GATTUNG:	ERSCHEINUNGSBILD:	BEDEUTUNG:
Cirrus	Fedrige, hakenartige Eiswolke	Vorläufer eines Tiefs an Warmfronten
Cirrocumulus	Lockere Schäfchenwolke	An Warmfronten
Cirrostratus	Schleierwolke aus Eis	Erste Vorboten einer Warmfront

WOLKEN IM MITTELHOHEN STOCKWERK

GATTUNG:	ERSCHEINUNGSBILD:	BEDEUTUNG:
Altocumulus	Größere Schäfchenwolke oder einzelne linsen- oder zinnenartige Wolke	Mögliche Gewitter-vorboten oder typische Föhnwolken
Altostratus	Graue, nur noch teilweise durchsichtige Schichtwolke	Zweite Vorboten einer Warmfront nach Cirrostratus

WOLKEN IM TIEFEN STOCKWERK

GATTUNG:	ERSCHEINUNGSBILD:	BEDEUTUNG:
Stratus	Graue, flache Schichtwolke	Hochnebel, Warmfront
Stratocumulus	Lang gestreckte, gleichmäßige, flache Schichtwolke mit Konturen, manchmal auch mit Lücken und regelmäßigen Mustern	Im Sommer nach einer Kaltfront
Cumulus	Weiße Quellwolke	Schönwetterwolke, selten kurze Schauer

WOLKEN MIT GROSSER VERTIKALER AUSDEHNUNG (ÜBER MEHRERE STOCKWERKE)

GATTUNG:	ERSCHEINUNGSBILD:	BEDEUTUNG:
Nimbostratus	Dunkle dichte Schicht-Regen-Wolke	Bei Warmfronten, Landregen
Cumulo nimbus	Hoch aufgetürmte Gewitterwolke	Kräftige Schauer und Gewitter, mit Sturmböen und Hagel

Herbstliche Morgen

Aus »Ein Spiel und ein Zeitvertreib«
James Salter (geb. 1925)

Morgen mit Wolken. Windige Morgen. Morgen mit schwarzem Wind, der wie Wasser heranbraust. Die Bäume schütteln sich, die Fenster knarren wie ein Schiff. Es wird regnen. Nach einiger Zeit erscheinen die ersten stillen Tropfen auf dem Glas. Langsam werden es mehr, sie bedecken die Scheibe, beginnen herunterzulaufen. Ganz Autun liegt unter dem kühlen Morgenregen, feuchte Streifen erscheinen auf den Skulpturen der römischen Tore, dann werden sie dunkel vor Nässe, die Schieferdächer glänzen jetzt, auch die Steine auf dem Friedhof und die Brücken über den Arroux. Ab und zu kommt der Wind in Böen zurück, der Regen fällt schräg, schlägt an die Fensterscheiben wie Sand. Regen fällt überall, auf alle Alleen und Fabriken, auf die alten Schönheiten der Stadt. Regen auf dem Tafelglas der Librairie Lucotte, Regen auf Les Arcades, auf den Cygne de Montjeu. Ein langer gleichmäßiger Regen, der mich zufrieden stimmt.

Ein Barometer hängt in meines Freundes Zimmer,
Das geht nicht, sondern steht auf gutem Wetter immer.
Ein solches Wetterglas ziemt philosophischen Sinnen:
was draußen wechselnd schwankt, sei stete Ruhe drinnen.
Friedrich Rückert (1788–1866)

Krankmachende Winde

Anton Andreas Velten (1775–1842)

Der Westwind bringt uns katharialische und rheumatische Krankheiten. Kinder und Erwachsene leiden unter seiner Herrschaft an Husten. Die Fieber, welche sich unter ihm erzeugen, ergreifen vorzüglich das lymphatische und nervöse System, und treten mit dem intermittierenden oder remittierenden Typus auf. Er erregt Blutflüsse und Aborten, ist Asthmatischen und Wassersüchtigen schädlich ...

Mit dem Ost- und Nordwinde haben wir in der Regel hohen Barometerstand, Kälte und heiteren Himmel. Seine Herrschaft fällt in den Winter und in das Frühjahr. Er bringt die Synocha und die ihr verwandte Lungenentzündung, bei Kindern Krampf und häutige Bräune hervor. Ihm sind die hier häufigen Zehrfieber, welche größtenteils auf Lungenentzündung beruhen, ebenfalls zuzuschreiben, indem sie aus vernachlässigten Lungenentzündungen hervorgehen. Sein schädlicher Einfluss wird durch seinen plötzlichen und anhaltenden Eintritt nach wärmeren Winden und durch unsere ihm überall offenstehende Lage in der unumschlossenen Ebene gesteigert. Den Südwind haben wir gewöhnlich im Sommer. Dauert er lange an, was jedoch selten ist, so erzeugt er Nervenfieber, Hirn- und Leberentzündungen, Diarrhöen und Ruhren, besonders wenn die Abende kühl sind. Mit ihm bekommen wir die meisten Gewitter, und gewöhnlich nimmt der Wind nach denselben die westnördliche Richtung.

Das Barometer steigt – und der Regen fällt.

Wie entsteht Morgentau?

Karsten Schwanke

Ein Tag mit Niederschlag kann durchaus sonnig und wolkenlos sein – vor allem im Frühling und Herbst. Denn wenn die Wetterbeobachter an den Wetterstationen Tautröpfchen auf der Wiese sehen, notieren sie dies unter der Überschrift »Niederschlag«. Tau ist allerdings ein besonderer Niederschlag, der sich direkt aus der klaren Luft absetzt – an Grashalmen, Parkbänken oder Spinnennetzen. Und so viel kommt auch nicht zusammen, aber er ist durchaus messbar. In Mitteleuropa liegen die Durchschnittsmengen bei 0,1 bis 0,2 Liter pro Quadratmeter – pro Nacht. Damit macht der Tau zwei bis fünf Prozent des Gesamtniederschlages in Mitteleuropa aus.

Entscheidend für die Taubildung ist die Temperatur. Die Temperatur bestimmt, wie viel Wasserdampf in der Luft enthalten sein kann. Je wärmer die Luft, desto mehr Feuchtigkeit kann in ihr enthalten sein. Je kälter, desto weniger – und das ist das Entscheidende für die Taubildung.

Kleine Zahlenspielerei: Bei 14 Grad Celsius kann die Luft maximal 12,1 Gramm pro Kubikmeter Luft enthalten, bei 10 Grad sind es noch 9,4 Gramm, bei 6 Grad nur noch 7,3 Gramm.

Nehmen wir einmal an, dass an einem schönen Oktoberabend die Lufttemperatur 14 Grad beträgt – und die relative Luftfeuchtigkeit etwa 70 Prozent. Dann würden in einem Kubikmeter Luft rund 8,5 Gramm (70 Prozent von 12,1 Gramm) Wasserdampf enthalten sein.

In der Nacht kühlt die Luft ab – sagen wir bis auf 6 Grad am frühen Morgen. Dann sind diese 8,5 Gramm zu viel. Da maximal nur 100 Prozent relative Luftfeuchte möglich ist (und das wäre bei 7,3 Gramm der Fall), muss ein Teil des Wasserdampfes raus aus unserem Luftpaket: Die überschüssigen 1,2 Gramm lagern sich als

Tautropfen ab. Den gleichen Effekt kennen Brillenträger, die mit einer kalten Brille in einen warmen Raum gehen – sie beschlägt. Genau wie Fensterscheiben in einer warmen Küche, wenn alle Töpfe überkochen. Nur dass wir das nicht Tau nennen, sondern »Kondensation«. Eine größere Bedeutung hat Tau in subtropischen und tropischen Gebieten, weil in der wärmeren Luft noch mehr Wasserdampf gespeichert werden kann. In Wüsten, die nachts schnell abkühlen, wie der Namib oder der Atacama, ist Tau oft der wichtigste Niederschlag überhaupt.

Aberglaube bei Seeleuten

Eduard Duller (1808–1853)

Äußerst charakteristisch sind die Schifferbräuche und die Meinungen; da gibt sich der tiefe poetische Sinn des Volkes kund, der sich auch in den Sagen von den versunkenen Städten ausspricht. Dem leben Wind und Welle als geheimnisvolle Persönlichkeit, mit der der Mensch in den Bund treten, die er locken und werben, aber auch erzürnen kann. Durch Pfeifen locken und verstärken sie den Wind. Man darf daher ja nicht an Bord pfeifen, wenn Sturm ist, sonst wird dieser dadurch immer stärker. Ist der Wind gut, so darf man ja nicht von ihm reden, denn das kann er nicht vertragen, und er schlägt um.

Bei konträrem Wind darf man an Bord ja nicht flicken oder nähen, sonst näht man ihn fest, und er kann nicht herum; aber bei gutem soll man ja nähen, dann behält man ihn. Einen Feuerbrand oder auch nur eine glühende Kohle darf man nicht über Bord werfen, sonst gibt's gewiss Sturm; ebenso wenig darf man, wenn auf der See Vögel kommen, sie fangen oder nach ihnen haschen; greift man nach den Vögeln, greift man auch bald nach den Segeln. Um guten Wind zu bekommen, muss man einen Besen ins Feuer werfen, mit dem Stiel nach der Gegend, aus der der Wind herkommen soll. Will der konträre Wind gar nicht nachlassen, so muss man in die Gegend, aus der man den Wind zu haben wünscht, einen stumpfen Besen, jedoch ohne Stiel, über Bord werfen; aber ohne große Not soll man das nicht tun, weil man nicht wissen kann, wie stark der Wind wird – und es kann leicht Sturm entstehen; auch schadet man dadurch vielen anderen Schiffen.

Ein gelehrter Müßiggänger gleicht einer Wolke ohne Regen.
Honoré de Balzac (1799–1850)

Von den Wetterzauberern

Aus dem »Betrugs-Lexicon« (1761)
Georg Paul Hönn

Zauberer betrügen ... wenn sie durch Eingebung des Teufels, oder aus natürlichen Ursachen, eine Änderung der Luft und des Wetters vermuten und vorgeben, dass sie solches machen könnten und wollten, auch zu dem Ende etwa einen Kieselstein, welchen sie hinter sich gegen der Sonnen Niedergang werfen, oder Sand aus einem rauschenden Wasser, welchen sie in die Luft sprengen, nehmen und dabei wohl den Tag und Stunde, da das Wetter kommen soll, vorschreiben.

Das Klima und die Phantasie

Karl Philipp Moritz (1756–1793)

Rom, 20. September 1786

Hier wird freilich auch die Phantasie nicht so wie bei den nordischen Völkern durch die Ungemächlichkeiten des Klimas und der Witterung aus den Regionen des Lebens hinweggedrängt, sondern sie kann ruhig auf den Gegenständen der wirklichen Welt verweilen und findet reichen Stoff, sich zu beschäftigen.

So wie nun aber die schwarze Suppe, welche die Spartaner essen mussten, nach dem Ausdruck eines Sybariten ihnen den Tod wünschenswert machte, so scheint es auch, als habe das raue und unfreundliche nordische Klima seine Bewohner schon im Leben mit ihrer Phantasie zum Grabe hingedrängt und sie mit den furchtbaren Gegenständen, man sonst kaum zu denken wagte, vertraut gemacht.

Auch ist es bei dem italienischen Volke gar nicht Sitte, etwa in einem Kreise dicht beisammenzusitzen und sich grausenerweckende Geschichten zu erzählen, welches bei uns noch immer einen Hauptzweig der Vergnügungen des gemeinen Volks ausmacht. – Dazu gehören aber auch die Dünste einer geheizten Stube, der Anblick einer düstern halb erstickten Flamme auf dem Herde, der Dampf von schwarzen triefenden Lampen – der heulende Nordwind draußen und die verschneite Pforte.

Die Schwerkraft betrifft alle. Besonders stark
ist sie im Herbst, wenn die Blätter von den Bäumen fallen.
Aus einem Schulaufsatz

Fluss im Abend

Ernst Stadler (1883–1914)

Der Abend
läuft den lauen Fluss hinunter.
Gewittersonne übersprengt
die Ufersenkung bunter.
Es hat geregnet.
Alle Blätter dampfen grüne Feuchte.
Die Weidenwildnis streckt mit grünen Tümpeln
sich ins witternde Geleuchte.
Weiße Nebel
überm Fluss sich hoch ins Abendglänzen schwingen,
Unterm seichten Fließen dumpf und schrill
die mitgezognen Kiesel klingen,
Die Pappelreihen flammen durchs Gewölk, turmgroße Kerzen
dick mit honiggelbem Schein beträuft –
Es ist, als ob mein tiefstes Glück durch grüne Ufer
in den brennenden Gewitterabend läuft.

Anekdote

Heinrich von Kleist (1777–1811)

Ein Kapuziner begleitete einen Schwaben bei sehr regnichtem Wetter zum Galgen. Der Verurteilte klagte unterwegs mehrmals zu Gott, dass er bei so schlechtem und unfreundlichem Wetter einen so sauren Gang tun müsse. Der Kapuziner wollte ihn christlich trösten und sagte: Du Lump, was klagst du viel, du brauchst doch bloß hinzugehen, ich aber muss, bei diesem Wetter, wieder zurück, denselben Weg.

Wettergottheiten

IN DER GERMANISCHEN GÖTTERWELT:

WOTAN AUCH ODIN GENANNT	Göttervater. War anfänglich der Sturmgott, später dann allgemein der Gott des Himmels
DONAR AUCH THOR GENANNT	Sohn Wotans, der Donnergott mit dem Hammer Mjölnir
BALDUR	Gott des Lichtes und des Frühlings (aber auch der Schönheit und Weisheit)

IN DER GRIECHISCH-RÖMISCHEN GÖTTERWELT:

ZEUS BZW. JUPITER	Göttervater. Gott des Himmels, des Lichtes und des Blitzes. War als Wettergott nicht nur für das gute Wetter zuständig, sondern auch für Regen, Hagel, Schnee und Gewitter
APOLLON BZW. APOLLO	Gott des Lichtes und des Frühlings (sowie u. a. für Musik und Künste)
AIOLOS BZW. ÄOLUS	Gott des Windes

POSEIDON BZW. NEPTUN .... Gott des Meeres und aller Gewässer. Konnte mit seinem Dreizack das Meer aufwühlen und besänftigen

Die Sintflut

Die Bibel (1. Mose,6–8)

... Gott sprach zu Noah: Das Ende alles Fleisches ist bei mir beschlossen, denn die Erde ist mit Ungerechtigkeit erfüllt und ich will mit der Erde sie [die Menschen] verderben. Mache dir eine Arche von gezimmertem Holz, und mache Kammern darin, und verpiche sie von innen und außen mit Pech ... Denn siehe, ich will ein Wasser über die Erde bringen und töten alles Fleisch, in welchem Odem des Lebens ist, unter dem Himmel. Alles, was auf Erden ist, soll untergehen. Aber mit dir will ich meinen Bund aufrichten, und du sollst in die Arche gehen; du und deine Söhne, dein Weib und die Weiber deiner Söhne. Und von allen Tieren, von allem Fleisch sollst du je zwei, Männchen und Weibchen, dass sie leben mit dir, in die Arche bringen. Von den Vögeln nach ihrer Art und von dem Vieh nach seiner Art und von allem Gewürm der Erde nach seiner Art ... Also tat Noah alles, was ihm Gott befohlen hatte.

... Und Noah ging in die Arche, seine Söhne,

sein Weib und die Weiber seiner Söhne mit ihm, wegen des Gewässers der Flut. Von den reinen Tieren und von den unreinen, von den Vögeln und von allem, was sich reget auf Erden, gingen Paare zu Noah in die Arche, je ein Männchen und Weibchen, wie der Herr dem Noah befohlen hatte.

Und als die sieben Tage vergangen waren, strömte die Wasserflut auf die Erde. Im sechshundertsten Lebensjahr Noahs im zweiten Monat am siebzehnten Tag brachen auf alle Brunnen der großen Tiefe und taten die Schleusen des Himmels sich auf, und es kam ein Regen über die Erde her vierzig Tage und vierzig Nächte ...

Und die Flut kam vierzig Tage über die Erde, und das Wasser wuchs und hob die Arche in die Höhe von der Erde. Denn es schwoll mit Ungestüm an und erfüllte alles auf dem Erdboden; die Arche aber schwebte auf dem Wasser.

... Und starb alles, in dem Odem des Lebens war auf Erden ...

Und das Wasser verlief sich von der Erde hin und her und fing an abzunehmen nach hundertundfünfzig Tagen. Und im siebenten Monat am siebzehnten Tag ruhte die Arche auf dem Gebirge Ararat. Und das Wasser verlief sich bis zum zehnten Monat. Denn im zehnten Monat am ersten Tage erschienen die Gipfel der Berge.

Und als vierzig Tage um waren, öffnete Noah das Fenster der Arche, das er gemacht hatte, und entsandte einen Raben; der flog aus und kam nicht wieder, bis das Gewässer vertrocknete auf der Erde. Nach ihm sandte er auch eine Taube, um zu sehen, ob das Gewässer nun weg wäre vom Angesicht der Erde. Als aber diese nichts fand, wo ihr Fuß ruhen konnte, kehrte sie zu ihm in die Arche zurück; denn das Gewässer war noch auf der ganzen Erde. Und er streckte die Hand aus, griff sie und brachte sie in die Arche. Und als er noch sieben andere Tage gewartet hatte, entließ er wieder eine Taube aus der Arche. Diese kam zu ihm zur Abendzeit und trug einen Ölzweig mit grünen Blättern in ihrem Schnabel. Da bemerkte Noah, dass das Gewässer gewichen wäre von der Erde. Aber dennoch wartete er sieben andere Tage und sandte eine Taube aus, die nicht mehr zurückkehrte. Und so war es im sechshundertundersten Jahr am ersten Tag des ersten Monats, dass sich minderte das Wasser auf der Erde. Und Noah öffnete das Dach der Arche, schaute und sah, dass der Erdboden trocken geworden war. Und im zweiten Monat am siebenundzwanzigsten Tag war die Erde völlig trocken. Und Gott redete zu Noah und sprach: Geh aus der Arche, du und dein Weib, deine Söhne und die Weiber deiner Söhne mit dir. Alle lebenden Wesen, welche bei dir sind, von allem Fleisch sowohl von Geflügel als von Tieren und allem Gewürm, das auf der Erde kriecht, führe mit dir heraus und gehet umher auf der Erde, wachset und mehret euch auf ihr.

Fülle

Conrad Ferdinand Meyer (1825–1898)

Genug ist nicht genug! Gepriesen werde
Der Herbst! Kein Ast, der seiner Frucht entbehrte!
Tief beugt sich mancher allzu reich beschwerte,
Der Apfel fällt mit dumpfem Laut zur Erde.

Genug ist nicht genug! Es lacht im Laube!
Die saftige Pfirsiche winkt dem durstigen Munde!
Die trunknen Wespen summen in die Runde:
»Genug ist nicht genug!« um eine Traube.

Genug ist nicht genug! Mit vollen Zügen
Schlürft Dichtergeist am Borne des Genusses,
Das Herz, auch es bedarf des Überflusses,
Genug kann nie und nimmermehr genügen!

Dies ist ein Herbsttag, wie ich keinen sah!
Die Luft ist still, als atmete man kaum,
Und dennoch fallen raschelnd, fern und nah,
Die schönsten Früchte ab von jedem Baum.
Friedrich Hebbel (1813–1863)

Fahrt auf der Donau (1836)

Frances Trollope (1780–1863)

Freitag, den 9., an Bord der Ordinari

Alles war (gestern) so schön, so herrlich, die Luft so frisch und doch so warm, unsere ganze Gesellschaft so heiter und jede Stunde so voll wirklichen Vergnügens, dass es fast unmöglich erscheint, alles um uns wäre noch das Gleiche. Wir sind jetzt sicherlich eine so armselig dreinschauende Gesellschaft, wie nur je ein Auge sie gesehen hat, eingepfercht in einen kleinen Kasten aus Fichtenholz, und nicht nur wir Unglücklichen allein, sondern außer uns noch drei oder vier unaufhörliche Raucher! Unsere ganze Aussicht besteht aus Kisten und Warenballen. Die Luft, die wir atmen, ist verpestet, und wir haben nicht mehr Macht, uns zu helfen, als ein halbes Dutzend in einen Korb gesperrter Hühner. Und dieses ganze Elend nur, weil wir Regen statt Sonnenschein haben!

O verräterische, lockende Donau! Wie lieblich lachtest du, als du uns einludest, uns deiner launenhaften Freundlichkeit anzuvertrauen! Wie völlig übersahen unsere harmlos zutraulichen Naturen diese Packkiste, in welche uns aufzustapeln dein geheimer Vorsatz war, während wir deine lieblichen Wirbelgrübchen und dein heuchlerisches Lachen betrachteten! Statt uns, wie zuvor, das strahlende Antlitz der Hoffnung zu zeigen, hat dieser abscheuliche Fluss jetzt die trübe Bleifarbe der Verzweiflung angenommen. Alles, was an seinem undeutlichen und nebligen Ufer vorbeizieht, dräut finster gegen uns, während wir vorüberkommen; unsere Hände sind kalt, unsere Füße nass, und einer sieht den anderen mit matten Blicken, die Unbehaglichkeit und Langeweile widerspiegeln. Die arme C., welche den Tabakrauch wenn möglich noch mehr hasst als ihre Mutter, hat sich auf eine Tonne vor der Tür der Arche gesetzt. Über ihrem Haupte knarren die Bretter, worauf die Ruderer stehen, und nicht »winzige Tropfen«, sondern wahrhafte Ströme gießen auf sie herab. Vor ein paar Sekunden sah sie so beunruhigend blau aus, dass ich fast entschlossen war, sie hereinzuholen, um sie räuchern zu lassen, statt dazusitzen und ertränkt zu werden. Bevor jedoch dieses oder jenes Schicksal sich erfüllte, hüllte sie unser gutherziger Seemanns-Begleiter so fest vom Kopf bis zu den Füßen in seinen undurchdringlichen Mantel, dass ich sie trotz des kleinen Niagaras, der auf sie herabstürzte, im Besitze ihres Fasses ließ ...

Bier und Schnaps – die Getränke der Völker,
denen Nebel und Regen vertraut sind.
Heinrich Heine (1797–1856)

Das Wetter auf Bildern

DAS BILD IST VON ...	ES HAT DEN TITEL ...
Gustav Klimt 1862–1918	Birkenwald im Herbst
Pieter Brueghel d. J. um 1564–1638	Der Sommer
Henri Rousseau 1844–1910	Überrascht! – Sturm im Dschungel
Claude Monet 1840–1926	Impression, Aufgehende Sonne
Vincent van Gogh 1853–1890	Pappelallee im Herbst
Caspar David Friedrich 1774–1840	Nebelschwaden

ES HANDELT SICH UM EIN ...	ES BEFINDET SICH IN ...
Ölgemälde auf Leinwand, 110 x 110 cm. Es entstand 1903 und zeigt nur die unteren Stämme von Birken inmitten eines Teppichs aus rotbraunem Laub.	Österreichische Nationalgalerie, Wien
Ölgemälde auf Holz, 56 x 41 cm. Es entstand im Jahr 1590 und zeigt Bauern auf einer Anhöhe bei der Getreideernte; im Hintergrund ein Dorf mit Blick aufs tief unten gelegene grüne Tal	Deutsches Brotmuseum, Ulm
Von 1891, Ölgemälde auf Leinwand, 162 x 130 cm. Bunte Dschungelpflanzen beugen sich im Wind.	National Gallery, London
Ölgemälde auf Leinwand, 63 x 48 cm. Das 1872 entstandene Bild zeigt einen impressionistisch gemalten Sonnenaufgang über einem Fluss im Morgennebel.	Musée Marmottan, Paris
Ölgemälde auf Leinwand und Holz, 66 x 98 cm. Aus dem Jahr 1884. Von der Herbstsonne beschienener, mit Pappeln gesäumter Weg zu einem Haus.	Rijksmuseum, Amsterdam
Öl auf Leinwand, 32,5 x 42,5 cm. Um 1820 entstanden, zeigt es im Vorder-	Kunsthalle, Hamburg

DAS BILD IST VON …	ES HAT DEN TITEL …
Caspar David Friedrich *(Fortsetzung)*	Nebelschwaden *(Fortsetzung)*
William Turner 1775–1851	Buttermere Lake, with Part of Cromackwater, a Shower
Nicolas Poussin 1594–1665	Die vier Jahreszeiten
Emil Nolde 1867–1956	Herbstmeer I
Heinrich Zille 1858–1929	Berliner Strandleben

ES HANDELT SICH UM EIN ...	ES BEFINDET SICH IN ...
grund eine sehr dunkel gehaltene Landschaft mit Haus, die stark mit dem hellen nebligen Horizont und dem dramatischen Himmel kontrastiert.	Kunsthalle, Hamburg *(Fortsetzung)*
Ölgemälde auf Leinwand, 88,9 x 119,4 cm. Entstanden 1797, zeigt es den Buttermere-See, umgeben von Bergen, in dichtem Regen und dazu einen dramatischen regenbogenartigen Lichtstrahl, der sich quer über den Himmel zieht.	Tate Gallery, London
Gemäldefolge von vier Bildern, jeweils ca. 119 x 160 cm, die in den Jahren 1600 bis 1664 entstand.	Louvre, Paris
Ölbild auf Leinwand, 39,5 x 65 cm. Um 1910. Die erste von 21 Versionen über das dunkle aufgepeitschte Meer im Herbst, über dem ein heller Himmel voller goldroter Wolken schwebt.	Museum am Ostwall, Dortmund
Schwarze Kreide, Aquarell und Deckfarbe, 49 x 31 cm. Das 1912 entstandene Bild zeigt in dem für Zille typischen komischen Stil eine dichte Menschenmenge an einem Sommertag am Strand.	Stadtmuseum, Berlin

Bunt sind schon die Wälder,
Gelb die Stoppelfelder,
Und der Herbst beginnt.
Rote Blätter fallen,
Graue Nebel wallen,
Kühler weht der Wind.
Johann Gaudenz Salis-Seewis (1762–1834)

Hundert Jahre und der Mond

Karsten Schwanke

Das Wetter war schon immer ein ganz großes Thema – von der Urlaubspostkarte über Bauernregeln bis zur Deutung der Mondphasen. Jeder ist auf seine Weise mit diesem Thema verbunden.

Nicht anders erging es dem fränkischen Abt Mauritius Knauer, der ein Wetterbuch verfasste, das ihm und seinen Mönchen des Klosters Langheim helfen sollte, die Landwirtschaft zu optimieren. So weit, so gut. Zwischen 1652 und 1658, sieben Jahre lang, notierte der Abt präzise das Wetter, jeden Tag. Er ging von der Idee aus, dass die sieben damals bekannten Himmelskörper (Sonne, Mond, Saturn, Jupiter, Mars, Venus und Merkur) in einem festen Turnus jeweils ein Jahr lang das Wetter beeinflussen. Eine Idee allerdings, die selbst unter damaligen Astrologen umstritten war. Knauer dachte, dass sich das Wetter alle sieben Jahre wiederholen würde, nahm aber auch an, dass außergewöhnliche Ereignisse, wie Sonnen- und Mondfinsternisse, das Wetter abweichend beeinflussen würden.

Im Jahre 1700 wurden diese Wetterbeobachtungen von einem Arzt zum ersten Mal veröffentlicht, ab 1720 tauchte dieses Buch immer häufiger unter dem Namen »Hundertjähriger Kalender« auf. Und so ist es bis heute geblieben. Wie und warum aus sieben Jahren einhundert werden, ist eine Sache, aber dass aus diesen Beobachtungen keine auch nur halbwegs seriösen Prognosen abzuleiten sind, ist eine – meteorologische – Tatsache.

Dennoch sind viele Leute fasziniert davon – genau wie von Spekulationen zum Einfluss des Mondes auf das Wetter. Der Vollmond spielt dabei eine besondere Rolle. Das Wetter soll sich bei Vollmond ändern.

Ich bin da pragmatisch – habe noch nie einen solchen Zusammenhang feststellen können – und werde in dieser Vermutung auch von Kollegen auf der ganzen Welt bestätigt. Mir soll doch bitte mal jemand erklären, was am Vollmond so sehr anders ist als am Neumond oder Halbmond!? Das Gewicht des Mondes ändert sich kein bisschen, die Gravitationswirkung ist identisch, ob er nun ganz, halb oder gar nicht von der Sonne angestrahlt wird. Und der minimale Anteil von Sonnenstrahlen, der nachts über den Mond auf die Erde fällt, ist so klein (nämlich ein Millionstel des direkten Sonnenlichtes), dass sich dadurch an der Wetterlage herzlich wenig ändern wird.

Aber schön zum Gucken ist er allemal.

November.
Das elfte Zwölftel des Überdrusses.
Ambrose Bierce (1842–1914)

Kürbissuppe

Der Herbst ist die hohe Zeit der Ernte. Kürbisse machen sich nicht nur auf Terrassen und Fensterbänken dekorativ, aus ihrem Fruchtfleisch lassen sich auch äußerst leckere Gerichte zubereiten, etwa diese Suppe.

ZUTATEN FÜR VIER PERSONEN:

1 kg Kürbisfleisch
? l Gemüsebrühe
Saft einer ? Zitrone
Saft einer ? Orange
150 g Sahne
? TL Kardamom
? TL Muskat
? TL Ingwer, gemahlen
Salz und weißer Pfeffer
1 Schälchen voll Kürbis- und/oder Pinienkernen

ZUBEREITUNG:

Aus dem Kürbis mit einem scharfen Messer einen Deckel herausschneiden. (Falls Sie damit Schwierigkeiten haben, so wickeln Sie den Kürbis in Alufolie und schieben ihn für 20 Minuten in den auf 180° aufgeheizten Backofen. Dann herausnehmen und abkühlen lassen. Nun sollte er sich problemlos aufschneiden lassen.) Die Kerne und die weichen Fasern entfernen. Das feste Fruchtfleisch mit einem Löffel oder Messer lösen und in Stückchen schneiden. Den ausgehöhlten Kürbis zur Seite stellen. Die Gemüsebrühe erhitzen. Die Kürbiswürfel sowie den Zitronen- und Orangensaft hineingeben und etwa 15 Minuten bei schwacher Hitze köcheln lassen. In der Zwischenzeit den Kürbis im Herd bei 150° etwa 10 Minuten erhitzen. Die Suppe pürieren, die Sahne unterziehen, mit den Gewürzen abschmecken, in den Kürbis gießen und sofort servieren. Separat dazu die Kürbis- oder Pinienkerne reichen, sodass sich jeder nach Belieben davon über seine Portion streuen kann.

Herbst in Preußen

Samuel Gottlieb Wald (1762–1828)

Der Herbst ist mäßig warm, und oft bringt der Oktober noch die heitersten Tage. Zuweilen ist die Witterung in der ersten Hälfte dieser Jahreszeit ungewöhnlich trocken, sodass es an Wasser mangelt. In manchen Jahren tritt bereits im November eine starke Kälte ein, doch pflegt sie nicht lange anzuhalten. Am gewöhnlichsten ist die Luft um diese Zeit feucht, neblig, unfreundlich kalt, windig und stürmisch, bis der Frost sich einstellt. Indessen hat die gewöhnliche Herbstwitterung auf die menschliche Gesundheit hier keinen sonderlich nachteiligen Einfluss.

Der Deich bricht

Aus »Der Schimmelreiter«
Theodor Storm (1817–1888)

Zu seiner Linken, dicht an des Pferdes Hufen, tobte das Meer; vor ihm, und jetzt in voller Finsternis, lag der alte Koog mit seinen Werften und heimatlichen Häusern; das bleiche Himmelslicht war völlig ausgetan; nur von einer Stelle brach ein Lichtschein durch das Dunkel. Und wie ein Trost kam es an des Mannes Herz; es musste von seinem Haus herüberscheinen, es war ihm wie ein Gruß von Weib und Kind. Gottlob, sie saßen sicher auf der hohen Werfte! Die andern, gewiss, sie waren schon im Geestdorf droben; von dorther schimmerte so viel Lichtschein, wie er niemals noch gesehen hatte; ja selbst hoch oben aus der Luft, es mochte wohl vom Kirchturm sein, brach solcher in die Nacht hinaus. »Sie werden alle fort sein, alle!«, sprach Hauke bei sich selber, »freilich auf mancher Werfte wird ein Haus in Trümmern liegen, schlechte Jahre werden für die überschwemmten Fennen kommen, Siele und Schleusen zu reparieren sein! Wir müssen's tragen, und ich will helfen, auch denen, die mir Leid's getan; nur, Herr, mein Gott, sei gnädig mit uns Menschen!«

Da warf er seine Augen seitwärts nach dem neuen Koog; um ihn schäumte das Meer; aber in ihm lag es wie nächtlicher Friede. Ein unwillkürliches Jauchzen brach aus des Reiters Brust: »Der Hauke-Haien-Deich, er soll schon halten; er wird es noch nach hundert Jahren tun!«

Ein donnerartiges Rauschen zu seinen Füßen weckte ihn aus diesen Träumen; der Schimmel wollte nicht mehr vorwärts. Was war das? – Das Pferd sprang zurück, und er fühlte es, ein Deichstück stürzte vor ihm in die Tiefe. Er riss die Augen auf und schüttelte alles Sinnen von sich: Er hielt am alten Deich, der Schimmel hatte mit den Vorderhufen schon darauf gestanden. Unwillkürlich riss er das Pferd zurück; da flog der letzte Wolkenmantel von dem Mond, und das milde Gestirn beleuchtete den Graus, der schäumend, zischend vor ihm in die Tiefe stürzte, in den alten Koog hinab.

Wie sinnlos starrte Hauke darauf hin; eine Sündflut war's, um Tier und Menschen zu verschlingen. Da blinkte wieder ihm der Lichtschein in die Augen; es war derselbe, den er vorhin gewahrt hatte; noch immer brannte der auf seiner Werfte; und als er jetzt ermutigt in den Koog hinabsah, gewahrte er wohl, dass hinter dem sinnverwirrenden Strudel, der tosend vor ihm hinabstürzte, nur noch eine Breite von etwa hundert Schritten überflutet war; dahinter konnte er deutlich den Weg erkennen, der vom Koog heranführte. Er sah noch mehr: Ein Wagen, nein, eine zweiräderige Karriole kam wie toll gegen den Deich herangefahren; ein Weib, ja auch ein Kind saßen darin. Und jetzt – war das nicht das kreischende Gebell eines kleinen Hundes, das im Sturm vorüberflog? Allmächtiger Gott! Sein Weib, sein Kind waren es; schon kamen sie dicht heran, und die schäumende Wassermasse drängte auf sie zu. Ein Schrei, ein Verzweiflungsschrei brach aus der Brust des Reiters: »Elke!«, schrie er. »Elke! Zurück! Zurück!«

Aber Sturm und Meer waren nicht barmherzig, ihr Toben zerwehte seine Worte; nur seinen Mantel hatte der Sturm erfasst, es hätte ihn bald vom Pferd herabgerissen; und das Fuhrwerk flog ohne Aufenthalt der stürzenden Flut entgegen. Da sah er, dass das Weib wie gegen ihn hinauf die Arme streckte: Hatte sie ihn erkannt? Hatte die Sehnsucht, die Todesangst um ihn sie aus dem sicheren Haus getrieben? Und jetzt – rief sie ein letztes Wort ihm zu? – Die Fragen fuhren durch sein Hirn; sie blieben ohne Antwort: Von ihr zu ihm, von ihm zu ihr waren die Worte all verloren; nur ein Brausen wie vom Weltenuntergang füllte ihre Ohren und ließ keinen andern Laut hinein.

»Mein Kind! O Elke, o getreue Elke!«, schrie Hauke in den Sturm hinaus. Da sank aufs Neu ein großes Stück des Deiches vor ihm in die Tiefe, und donnernd stürzte das Meer sich hinterdrein; noch einmal sah er drunten den Kopf des Pferdes, die Räder des Gefährtes aus dem wüsten Gräuel emportauchen und dann quirlend darin untergehen. Die starren Augen des Reiters, der so einsam auf dem Deiche hielt, sahen weiter nichts. »Das Ende!«, sprach er leise vor sich hin; dann ritt er an den Abgrund, wo unter ihm die Wasser, unheimlich rauschend, sein Heimatdorf zu überfluten begannen; noch immer sah er das Licht von seinem Hause schimmern;

es war ihm wie entseelt. Er richtete sich hoch auf und stieß dem Schimmel die Sporen in die Weichen; das Tier bäumte sich, es hätte sich fast überschlagen; aber die Kraft des Mannes drückte es herunter. »Vorwärts!«, rief er noch einmal, wie er es so oft zum festen Ritt gerufen hatte: »Herr Gott, nimm mich; verschon die andern!« Noch ein Sporenstich; ein Schrei des Schimmels, der Sturm und Wellenbrausen überschrie; dann unten aus dem hinabstürzenden Strom ein dumpfer Schall, ein kurzer Kampf.

Der Mond sah leuchtend aus der Höhe; aber unten auf dem Deiche war kein Leben mehr als nur die wilden Wasser, die bald den alten Koog fast völlig überflutet hatten.

Herbsttag

Rainer Maria Rilke (1875–1926)

Herr: es ist Zeit. Der Sommer war sehr groß.
Leg deinen Schatten auf die Sonnenuhren,
und auf den Fluren lass die Winde los.

Befiehl den letzten Früchten, voll zu sein;
gib ihnen noch zwei südlichere Tage,
dränge sie zur Vollendung hin und jage
die letzte Süße in den schweren Wein.

Wer jetzt kein Haus hat, baut sich keines mehr.
Wer jetzt allein ist, wird es lange bleiben,
wird wachen, lesen, lange Briefe schreiben
und wird in den Alleen hin und her
unruhig wandern, wenn die Blätter treiben.

Winterschlaf

Klabund (1890–1928)

Indem man sich nunmehr zum Winter wendet,
Hat es der Dichter schwer,
Der Sommer ist geendet,
Und eine Blume wächst nicht mehr.

Was soll man da besingen?
Die meisten Requisiten sind vereist.
– Man muss schon in die eigene Seele dringen
– Jedoch, da hapert's meist.

Man sitzt besorgt auf seinem Hintern,
Man sinnt und sitzt sich seine Hose durch,
– Da hilft das eben nichts, da muss man eben
überwintern
Wie Frosch und Lurch.

Alle reden vom Wetter,
aber keiner unternimmt was dagegen.
Karl Valentin (1882–1948)

Durch den Harz

Johann Wolfgang von Goethe (1748–1832)
An Charlotte von Stein

Goslar, Donnerst, d. 4. Dez. 1777

Von hier wollt ich Ihnen zuerst schreiben, Sie sehn aber aus dem Bleistiftblättchen, dass ich früher laut worden bin. Ein ganz entsetzlich Wetter hab ich heut ausgestanden, was die Stürme für Zeugs in diesen Gebürgen ausbrauen ist unsäglich, Sturm, Schnee, Schloßen, Regen, und zwei Meilen an einer Nordwand eines Waldgebürgs her, alles fast ist nass, und erholt haben sich meine Sinne kaum nach Essen, Trinken, drei Stunden Ruhe usw. ...

Ich trockne nun jetzt an meinen Sachen! – sie hängen um den Ofen. Wie wenig der Mensch bedarf, und wie lieb es ihm wird, wenn er fühlt, wie sehr er das Wenige bedarf. – Wenn Sie mir künftig was schenken, lassen Sie's etwas sein, was man auf so einer Reise braucht. – Nur das Stück Papier, wo die Zwiebacke eingewickelt waren, zu wie vielerlei mir's gedient hat! – Es kann nicht fehlen, dass Sie nicht lachen und sagen: Schließlich wird's also den Weg alles Papiers gehn! – Genug es ist so ...

Von einer Brücke schreit vergrämt ein Hund.
Zum Himmel ... der wie alter grauer Stein
auf fernen Häusern steht. Und wie ein Tau
aus Teer liegt auf dem Schnee ein toter Fluss.
Alfred Lichtenstein (1889–1914)

Fast totgefroren

Helene von Kügelgen (1774–1842)

Narva, am 9. Dezember 1800.

O mein bester Mann! ... Diesen Abend kam ich endlich nach einer schrecklichen Fahrt im Sande und auf bloßen Knüppelbrücken sehr spät hier an. Scheel ging ins Posthaus und ließ uns, wie gewöhnlich, allein auf der Gasse stehen ... Die Kibitke (ungefedertes Fuhrwerk) stand so unglücklich, dass der Sturm uns so recht durchwehen konnte. Scheel ging fort, wir warteten – warteten, und es kamen weder Pferde noch Scheel zurück. Es stürmte und heulte fürchterlich um uns herum – die alten Stalltüren knarrten auf und wurden mit Geräusch und Geprassel wieder zugeworfen. Der heftige Sturm riss mir Deinen Pelz von den Schultern, ich mochte mich noch so fest dareinwickeln. Die lederne Gardine ward hin und her geworfen und zerpeitschte mir das Gesicht – das Mädchen wimmerte laut vor Kälte, und ich sah, erstarrt wie auch ich war, lauter Schreckgestalten um die Kibitke herschleichen – meine Angst stieg aufs Höchste – ich wollte aussteigen, aber wohin? Es war so dunkel, ich fürchtete mich, unter die besoffenen Postillons zu geraten, und überdem war ich von der Kälte so erstarrt, dass jeder Versuch, mich herauszumachen, fehlschlug. Endlich nach einer langen, ewigen Stunde erschien Scheel – keine Pferde! »Es ist doch entsetzlich, Scheel«, sagte ich, »uns hier so allein auf der Gasse stehen zu lassen, und wenn keine Pferde hier sind, warum ließen Sie den Postillon, der uns herbrachte, denn fort? Er hätte uns wenigstens in ein Nachtquartier fahren können, denn das begreifen Sie doch wohl, dass ich hier die Nacht über nicht bleiben kann, ohne den Tod davonzutragen.« Er ging fort und kam nun gleich mit dem Starosten zurück, der ihm 4 Pferde geben wollte, bloß weil er ihm 25 Kopeken Trinkgeld versprochen hatte. Denke also, aus Geiz, ein paar Kopeken zu ersparen, lässt er mich totfrieren.

Scheel ging wieder fort, aber es kommt kein Starost mit Pferden, es kommt auch kein Scheel. Der Sturm zerriss den Draht, der die lederne Gardine oben hielt, und nun zerschlug sie mir erst recht mein armes Gesicht – der Leib fror und schmerzte mir, dass ich hätte laut schreien mögen, und das Mädchen ächzte und wimmerte immerfort. So verging wohl wieder eine Stunde. Da kam ein Russe mit Pferden, die er mit der größten Gemächlichkeit anspannte; und als sie angespannt waren, ging er gar fort. Nun saßen wir wieder da, allein und verlassen mit vier großen mächtigen Pferden. Es schlägt ein Viertel nach dem andern, aber niemand erscheint, wir sind ganz vergessen auf der Straße, und der Sturm wütet immer ärger. Endlich werden sogar die Pferde des Wartens müde, sie ziehen an und ziehen uns eine Strecke fort – ich wollte die Zügel fassen, aber die lagen an der Erde, also rufe ich ihnen alle möglichen Kunstworte zum Stillstehen zu – sie werden dadurch uneins; eins will dorthin, das andere hierher, sie verwirren sich, drängen sich ineinander, wenden sich, stoßen sich, und ich erwartete in der höchsten Angst nur den Augenblick, wo die Kibitke in Trümmer zerfallen wird ... Endlich erschien auf unser Geschrei der Kerl, der uns fahren sollte – er führte die Pferde zurück und stand nun da und gaffte. »Kammerdiener, Kammerdiener!«, schrie ich – ich wollte, er sollte ihn rufen, aber er verstand mich nicht oder war zu faul, und meine teure Reisegefährtin verstand mich ebenso wenig. Endlich begriff sie es und ließ Scheel rufen, der indes gewiss gut ausgeschlafen hatte. Mein Herz war so voll, ich hätte den Kerl prügeln mögen und sagte es auch gerade heraus, was ich dachte. Nun fuhren wir endlich ab, ich war betäubt und beinahe ohne Leben; am Tore ließ man uns nicht durch, weil der Kommandant alle Pässe selbst durchsehe, und er schlief jetzt, sie dürften ihn nicht wecken und wir sollten warten, bis den Morgen um sieben Uhr, dann dürfte man zum Kommandanten. Und wo nun hin? ... Endlich sagte unser Postillon, er kenne einen alten Soldaten, zu dem wolle er uns bringen, der wäre ordentlich und ein redlicher Mann und würde uns gerne aufnehmen ...

Deutsche Wetterrekorde

Ereignis	Menge	Wann und wo
Höchste Temperatur	40,3° C	08.08.2003 in Perl-Nennig (Saarland)
Niedrigste Temperatur – nach privater Messung	-45,9° C	24.12.2001 am Funtensee (Berchtesgadener Land)
Längster Sonnenschein in einem Jahr	2329 Std.	1959 am Klippeneck (Schwäbische Alb)
Geringster Sonnenschein in einem Jahr	936,7 Std.	1912 in Münster
Geringster Sonnenschein in einem Monat	0 Std.	Dezember 1965 am Großen Inselsberg (Thüringer Wald)
Höchster Niederschlag in einem Jahr	3499 l/qm	1944 am Purtschellerhaus (Berchtesgadener Land)
Geringster Niederschlag in einem Jahr	242 l/qm	1911 in Straußfurth (Thüringen)
Höchster Niederschlag an einem Tag	260 l/qm	06.07.1954 in Stein bei Rosenheim
Höchster Niederschlag in kurzer Zeit	126 l/qm in 8 Min.	25.05.1920 in Füssen

Ereignis	Menge	Wann und wo
Höchste Schneedecke	830 cm	02.04.1944 auf der Zugspitze
Meiste Nebeltage in einem Jahr	330 Tage	1958 auf dem Brocken im Harz
Längste Nebelperiode	10 Tage	07.–17.05.1995 in Neuhaus am Rennweg
Stärkste Windböe	335 km/h	12.06.1985 auf der Zugspitze

Fahrten im Hundeschlitten

Mariamna Davidoff (1871–1961)

Eines der schönsten Wintervergnügen, das ich mir ausgedacht hatte, waren Fahrten im Hundeschlitten. Manja hatte eine Colliehündin, die Orlik hieß und von einem kraushaarigen Bastard zwei Junge bekam, die sich bald zu riesengroßen, dichtbehaarten Kötern entwickelten … Ich hatte einen kleinen Schlitten gekauft und schirrte die zwei Hunde an … Damit die beiden, um die sich nie jemand richtig gekümmert hatte, richtig laufen lernten, banden wir Fleischstücke an eine lange Angel und hielten sie ihnen in unerreichbarer Nähe vor die Nase. Dann rannten sie wie wild und schnappten nach dem Fleisch, so schnell, dass wir sie auf den schmalen, beidseits mit hohen Schneewällen gesäumten Wegen bremsen mussten.

Was ist die gefühlte Temperatur?

Karsten Schwanke

Meine Schwägerin und ich – wir haben ein Problem: Wenn sie mich fragt, wie kalt es draußen ist, und ich ihr sage: »minus fünf«, bleibt trotzdem ein großes Fragezeichen auf ihrem Gesicht zurück. Denn die alles entscheidende Frage »Was anziehen?« ist damit noch immer nicht beantwortet. Wir sind dabei, dieses Problem zu lösen, denn ich verwende immer weniger Zahlen – und versehe meinen Kurzwetterbericht immer häufiger mit Kleidungszusätzen wie: T-Shirt, lange Hose, Mantel, Handschuhe ...

Spätestens mit den ersten Frösten taucht seit einigen Jahren auch in Deutschland die »Windchill«-Temperatur in den Wetterberichten auf – die »gefühlte« Temperatur. In Nordamerika ist dies in den Medien schon seit den 70er-Jahren gang und gäbe. Einige Wetterberichte in den USA gehen sogar so weit, die »echten« Temperaturwerte ganz zu vernachlässigen und nur noch die Windchill-Temperaturen zu verkünden. So weit wird es bei uns wohl nicht kommen, aber es ist zumindest ein Thema geworden. Diese gefühlten Temperaturen sollen Klarheit schaffen, wie sich die Luft draußen wirklich anfühlt. Denn minus 5 Grad bei Windstille und Sonnenschein sind einfach tausendmal angenehmer als minus 5 Grad bei Windstärke 6. Das würde nämlich nach einer Formel aus dem Jahre 1941 eine gefühlte Temperatur von minus 25 Grad ausmachen. Minus 5 Grad, Windstärke 6 – und dazu spritzende Gischt auf einem Kutter mit Ziel Helgoland. Huh! Aus minus 25 Grad könnten ganz schnell noch weniger werden ...

Die gefühlte Temperatur hatte ihre Geburtsstunde in der Antarktis. Die US-Armee wollte ihre Soldaten im europäischen Winter mit der richtigen Kleidung ausstatten und beauftragte die beiden Polarforscher Paul Siple und Charles Passel, Experimente und

Studien zum Thema Erfrierungen durchzuführen. Und so maßen die beiden den Wärmeverlust eines Plastikzylinders, in dem sich Wasser befand – ein eher dürftiges Modell des menschlichen Kopfes. Als meteorologische Größen lasen sie lediglich die Temperatur und die Windgeschwindigkeit ab. Luftfeuchtigkeit, die Gischt auf dem Kutter vor Helgoland – all das spielte bei ihren Überlegungen keine Rolle. Aber immerhin entstand eine Formel, mit der sich die Windchill-Temperatur berechnen ließ. Grundtenor: Je stärker der Wind, desto kühler die gefühlte Temperatur.

In den 80er- und 90er-Jahren geriet diese Formel immer wieder in die Kritik, weil die Messergebnisse doch ziemlich zu wünschen übrig ließen. Im Jahre 2001 einigte sich eine Kommission auf eine neuere Formel – und nach der sind minus 5 Grad bei Windstärke 6 nur noch minus 15 Grad – für meine Schwägerin: »Kamin anfeuern!«

Eine Thermoskanne hält im Winter
warm und im Sommer kalt.
Doch woher weiß sie, wann Sommer
und wann Winter ist?

Böses Wetter, böses Wetter,
es entladen sich die Götter,
reinigen ihr Wolkenhaus,
und die Menschen baden's aus.
Franz Grillparzer (1791–1872)

Frau Holle

Jakob und Wilhelm Grimm (1785–1863 bzw. 1786–1859)

Eine Witwe hatte zwei Töchter, davon war die eine schön und fleißig, die andere hässlich und faul. Sie hatte aber die hässliche und faule, weil sie ihre rechte Tochter war, viel lieber, und die andere musste alle Arbeit tun und der Aschenputtel im Hause sein. Das arme Mädchen musste sich täglich auf die große Straße bei einem Brunnen setzen und musste so viel spinnen, dass ihm das Blut aus den Fingern sprang. Nun trug es sich zu, dass die Spule einmal ganz blutig war, da bückte es sich damit in den Brunnen und wollte sie abwaschen: Sie sprang ihm aber aus der Hand und fiel hinab. Es weinte, lief zur Stiefmutter und erzählte ihr das Unglück. Sie schalt es aber so heftig und war so unbarmherzig, dass sie sprach: »Hast du die Spule hinunterfallen lassen, so hol sie auch wieder herauf.« Da ging das Mädchen zu dem Brunnen zurück und wusste nicht, was es anfangen sollte, und in seiner Herzensangst sprang es in den Brunnen hinein, um die Spule zu holen. Es verlor die Besinnung, und als es erwachte und wieder zu sich selber kam, war es auf einer schönen Wiese, wo die Sonne schien und viel tausend Blumen standen. Auf dieser Wiese ging es fort und kam zu einem Backofen, der war voller Brot; das Brot aber rief: »Ach, zieh mich raus, zieh mich raus, sonst verbrenn ich. Ich bin schon längst ausgebacken.« Da trat es herzu und holte mit dem Brotschieber alles nacheinander heraus. Danach ging es weiter und kam zu einem Baum, der hing voll Äpfel und rief ihm zu: »Ach, schüttel mich, schüttel mich, wir Äpfel sind alle miteinander reif.« Da schüttelte es den Baum, dass die Äpfel fielen, als regneten sie, und schüttelte, bis keiner mehr oben war; und als es alle in einen Haufen zusammengelegt hatte, ging es wieder weiter. Endlich kam es zu einem kleinen Haus, daraus guckte eine alte Frau, weil sie aber so große Zähne hatte, ward ihm angst und es wollte fortlaufen. Die alte Frau aber rief ihm nach: »Was fürchtest du dich, liebes Kind? Bleib bei mir, wenn du alle Arbeit im Hause ordentlich tun willst, so soll dir's gut geh'n. Du musst nur Acht geben, dass du mein Bett gut machst und es fleißig aufschüttelst, dass die Federn fliegen, dann schneit es in der Welt; ich bin die Frau Holle.« Weil die Alte ihm so gut zusprach, so fasste sich das Mädchen ein Herz, willigte ein und begab sich in ihren Dienst; Es besorgte auch alles nach ihrer Zufriedenheit und schüttelte ihr das Bett immer gewaltig auf, dass die Federn wie Schneeflocken umherflogen; dafür hatte es auch ein gut Leben bei ihr, kein böses Wort und alle Tage Gesottenes und Gebratenes. Nun war es eine Zeit lang bei der Frau Holle, da ward es traurig und wusste anfangs selbst nicht, was ihm fehlte, endlich merkte es, dass es Heimweh war; ob es ihm hier gleich viel tausendmal besser ging als zu Hause, so hatte es doch ein Verlangen dahin. Endlich sagte es zu ihr: »Ich habe den Jammer nach Haus kriegt, und wenn es mir auch noch so gut hier unten geht, so kann ich doch nicht länger bleiben, ich muss wieder hinauf zu den Meinigen.« Die Frau Holle sagte: »Es gefällt mir, dass du wieder nach Hause verlangst, und weil du mir so treu gedient hast, so will ich dich selbst wieder hinaufbringen.« Sie nahm es darauf bei der Hand und führte es vor ein großes Tor. Das Tor ward aufgetan, und wie das Mädchen gerade darunter stand, fiel ein gewaltiger Goldregen, und alles Gold blieb an ihm hängen, sodass es über und über davon bedeckt war. »Das sollst du haben, weil du so fleißig gewesen bist«, sprach die Frau Holle und gab ihm auch die Spule wieder, die ihm in den Brunnen gefallen war. Darauf ward das Tor verschlossen, und das Mädchen befand sich oben auf der Welt, nicht weit von seiner Mutter Haus, und als es in den Hof kam, saß der Hahn auf dem Brunnen und rief:

»Kikeriki, unsere goldene Jungfrau ist wieder hie.«

Da ging es hinein zu seiner Mutter, und weil es so mit Gold bedeckt ankam, ward es von ihr und der Schwester gut aufgenommen. Das Mädchen erzählte alles, was ihm begegnet war, und als die

Mutter hörte, wie es zu dem großen Reichtum gekommen war, wollte sie der andern hässlichen und faulen Tochter gerne dasselbe Glück verschaffen. Sie musste sich an den Brunnen setzen und spinnen; und damit ihre Spule blutig ward, stach sie sich in die Finger und stieß sich die Hand in die Dornhecke. Dann warf sie die Spule in den Brunnen und sprang selber hinein. Sie kam, wie die andere, auf die schöne Wiese und ging auf demselben Pfade weiter. Als sie zu dem Backofen gelangte, schrie das Brot wieder: »Ach, zieh mich raus, zieh mich raus, sonst verbrenn' ich, ich bin schon längst ausgebacken.« Die Faule aber antwortete: »Da hätt' ich Lust, mich schmutzig zu machen«, und ging fort. Bald kam sie zu dem Apfelbaum, der rief: »Schüttel mich, schüttel mich, wir Äpfel sind alle miteinander reif.« Sie antwortete aber: »Du kommst mir recht, es könnte mir einer auf den Kopf fallen«, und ging damit weiter. Als sie vor der Frau Holle Haus kam, fürchtete sie sich nicht, weil sie von ihren großen Zähnen schon gehört hatte, und verdingte sich gleich zu ihr. Am ersten Tag tat sie sich Gewalt an, war fleißig und folgte der Frau Holle, wenn sie ihr etwas sagte, denn sie dachte an das viele Gold, das sie ihr schenken würde; am zweiten Tag aber fing sie schon an zu faulenzen, am dritten noch mehr, da wollte sie morgens gar nicht aufstehen. Sie machte auch der Frau Holle das Bett nicht, wie sich's gebührte, und schüttelte es nicht, dass die Federn aufflogen. Das ward die Frau Holle bald müde und sagte ihr den Dienst auf. Die Faule war das wohl zufrieden und meinte, nun würde der Goldregen kommen; die Frau Holle führte sie auch zu dem Tor, als sie aber darunter stand, ward statt des Goldes ein großer Kessel voll Pech ausgeschüttet. »Das ist zur Belohnung deiner Dienste«, sagte die Frau Holle und schloss das Tor zu. Da kam die Faule heim, aber sie war ganz mit Pech bedeckt, und der Hahn auf dem Brunnen, als er sie sah, rief:

»Kikeriki, unsere schmutzige Jungfrau ist wieder hie.«

Das Pech aber blieb fest an ihr hängen und wollte, solange sie lebte, nicht abgehen.

Der Winter ist auch nicht mehr, was er einmal war.
Die Männer sind alle so unverfroren.
Helen Vita (1928–2001)

Münchhausen schläft draußen

Gottfried August Bürger (1747–1794)

Des Reitens müde, stieg ich endlich ab und band mein Pferd an eine Art von spitzem Baumstaken, der über dem Schnee hervorragte. Zur Sicherheit nahm ich meine Pistolen unter den Arm, legte mich nicht weit davon in den Schnee nieder und tat ein so gesundes Schläfchen, dass mir die Augen nicht eher wieder aufgingen, als bis es heller lichter Tag war. Wie groß war aber mein Erstaunen, als ich fand, dass ich mitten in einem Dorfe auf dem Kirchhofe lag! Mein Pferd war anfänglich nirgends zu sehen; doch hörte ich's bald darauf irgendwo über mir wiehern.

Als ich nun emporsah, so wurde ich gewahr, dass es an den Wetterhahn des Kirchturms gebunden war und von da herunterhing. Nun wusste ich sogleich, wie ich dran war. Das Dorf war nämlich die Nacht über ganz zugeschneit gewesen; das Wetter hatte sich auf einmal umgesetzt; ich war im Schlafe nach und nach, so wie der Schnee zusammengeschmolzen war, ganz sanft herabgesunken; und was ich in der Dunkelheit für den Stummel eines Bäumchens, der über dem Schnee hervorragte, gehalten und daran mein Pferd gebunden hatte, das war das Kreuz oder der Wetterhahn des Kirchturmes gewesen.

Ohne mich nun lange zu bedenken, nahm ich eine von meinen

Pistolen, schoss nach dem Halfter, kam glücklich auf die Art wieder an mein Pferd und verfolgte meine Reise.

Winter-Klassik

Vivaldi, Antonio (1678–1741)	*Die vier Jahreszeiten, Der vierte Satz*	*Concerto, 1725*
Mozart, Leopold (1719–1787)	*Musikalische Schlittenfahrt*	*1755*
Tschaikowskij, Peter (1840–1893)	*Winterträume*	*Sinfonie Nr. 1 g-Moll, op. 13, 1866*
Holst, Gustav (1874–1934)	*A Winter Idyll*	*Tonpoem, 1897*
Haydn, Joseph (1732–1809)	*Die Jahreszeiten, Vierter Satz*	*Oratorium, 1801*
Suk, Josef (1874–1935)	*Ein Wintermärchen*	*Ouvertüre op. 9, 1894*
Strauß, Johann (1825–1899)	*Schneeglöckchen*	*Walzer, op. 143, 1854*
Koschat, Thomas (1845–1914)	*Schneewalzer*	*op. 71*

Winternacht

Gottfried Keller (1819–1890)

Nicht ein Flügelschlag ging durch die Welt,
Still und blendend lag der weiße Schnee.
Nicht ein Wölklein hing am Sternenzelt,
Keine Welle schlug im starren See.

Aus der Tiefe stieg der Seebaum auf.
Bis sein Wipfel in dem Eis gefror;
An den Ästen klomm die Nix herauf,
Schaute durch das grüne Eis empor.

Auf dem dünnen Glase stand ich da,
Das die schwarze Tiefe von mir schied;
Dicht ich unter meinen Füßen sah
Ihre weiße Schönheit Glied um Glied.

Mit ersticktem Jammer tastet' sie
An der harten Decke her und hin,
Ich vergess' das dunkle Antlitz nie,
Immer, immer liegt es mir im Sinn!

Sommer und Winter lassen sich in
England leicht unterscheiden.
Im Sommer ist der Regen wärmer.
Colin Wilson (geb. 1931)

Der Winter ist ein rechter Mann,
Kernfest und auf die Dauer;
Sein Fleisch fühlt sich wie Eisen an,
Und scheut nicht Süß noch Sauer.
Matthias Claudius (1740–1816)

Winter Delight

Nach dem Motto »Etwas Kaltes wärmt«:
ein köstliches winterliches Dessert …

ZUTATEN FÜR VIER PERSONEN:

500 ml Walnuss-Eis
1 Glas Pflaumen
300 ml Schlagsahne
1 EL Speisestärke
5 EL Zimtsirup
Zucker; Schokorapseln

ZUBEREITUNG:

Die Pflaumen durch ein Sieb abgießen und nochmals halbieren. Den Fruchtsaft aus dem Glas zum Kochen bringen und mit der Speisestärke binden, nach Belieben mit Zucker nachsüßen. Den Zimtsirup mit der Sahne sehr steif schlagen. Auf Dessertteller je eine Portion Walnusseis geben, daneben die Sahne und die Pflaumenstücke anrichten und die Pflaumensauce darüber verteilen. Mit Schokoraspeln garnieren.

Die wichtigsten Begriffe für Schnee in unseren Breiten

ALTSCHNEE: muss mindestens drei Tage alt sein, um so genannt zu werden. Die Schneekristalle sind infolge von Temperatur und Druck bereits abgestumpfter und nicht mehr so stark verzweigt.

FAULSCHNEE: Mischung aus Schneebrocken und Wasser, lässt sich nicht mehr gut zusammendrücken. Eine andere, verbreitetere Bezeichnung dafür ist: Schneematsch.

FIRN: muss mindestens ein Jahr alt sein, um so bezeichnet zu werden. Durch wiederholtes Antauen und Gefrieren sind die Eiskristalle zu größeren Brocken verpappt. Firn ist die Grundlage, aus der Gletscher entstehen. Als Firn wird aber auch im Frühjahr die oberste weiche Schneeschicht bezeichnet, die sich aufgrund der größeren Temperaturschwankungen im Frühjahr (tagsüber kräftige Sonneneinstrahlung, nachts Frost) auf gefrorenem Harsch bildet. Das ist der Schnee, für den Tourenskifahrer ihr letztes Hemd geben würden.

HARSCH: Dabei handelt es sich um eine dünne gefrorene Schicht Altschnee, die durch mehrfaches Antauen und Gefrieren entstanden ist. Der darunterliegende Schnee ist jedoch noch pulvrig.

NEUSCHNEE: ist frisch gefallen, d. h. nicht mehr als drei Tage alt. Die Kristalle haben noch spitze Zacken und viele Verzweigungen.

PAPPSCHNEE: lässt sich gut zusammendrücken, ohne dass dabei Wasser heraustropft. Der ideale Schnee für den Bau von Schneemännern und für Schneeballschlachten. Wird auch Feuchtschnee genannt. Fällt bei Temperaturen um 0 Grad.

PULVERSCHNEE: ist ganz trockener lockerer Schnee, der sich nicht oder nur schlecht in Formen pressen lässt. Fällt nur bei tiefen Temperaturen.

SULZ: stark angetauter, weicher Schnee. Da er schwer und nass ist, pappt er gut zusammen, tropft aber auch schon sehr stark. Ein Graus beim Frühjahrsskifahren – vor allem auf den berüchtigten Talabfahrten.

Das Wetter und meine Stimmung haben wenig miteinander zu tun; ich trage meinen Nebel und meinen Sonnenschein in mir.
Blaise Pascal (1623–1663)

Februar 1999 – mehr geht nicht
Karsten Schwanke

Es schneit. 48 Stunden lang, ohne Pause. Die Schneehöhe auf der Bergstraße muss inzwischen auf über einen Meter angewachsen sein. Es ist nicht so leicht auszumachen, wo sich der Weg befindet: Die Sicht beträgt nur wenige Meter, die Zaunpflöcke der Bauern sind schon längst im Schnee verschwunden. Seit gestern Abend hängen wir in unserem Wetterbüro im Appenzellerland in der Schweiz auf 1150 m Höhe herum. Haben die Nacht oben verbracht, auf Pritschen geschlafen. Gegen Mittag, vor einer halben Stunde, kam der Bauer mit seinem Traktor und einer Schneefräse. Wir wollen runter, ins Tal, und kleben nun mit unseren Autos direkt hinter ihm. Normalerweise brauchen wir für die zwei Kilometer ins Dorf keine zehn Minuten. Heute werden es 45. Wir müssen uns mit der Rückkehr beeilen, denn der Sturm wird die Bergstraße in wenigen Minuten wieder zuwehen. Der Schnee fegt direkt über die Motorhaube hinweg. Es dauert nicht lange, und das Auto kommt ins Schlingern. Wühlt sich mit letzter Kraft nach oben. Wir sitzen fest. Trotz Schneeketten und Allradantrieb. Beim nächsten Versuch kommen wir 20 Meter weiter, aber dann ist endgültig Schluss. Die Straße ist erneut dicht. Wir holen Schaufeln, versuchen, den Schnee unter unseren Autos wegzubekommen, aber es nützt alles nichts. Drei festgefahrene Autos sind zu drei runden Schneehaufen geworden. In nur fünf Minuten. Wir stapfen durch den Schnee zu einer Hütte, warten auf den Traktor, der uns nach und nach rauszieht. Eine weitere Nacht verbringen wir in unseren Büros ...

Der Lawinenwinter im Februar 1999 war selbst für Meteorologen ein außergewöhnliches Ereignis. So viel Schnee haben auch meine Kollegen aus Österreich noch nie erlebt. Auf manchen Bergen lagen mehr als acht Meter. Auf der Straße zur Schwägalp (1350 m), einem Pass am Säntis, bin ich noch im April an Schneewänden von mehr als fünf Metern Höhe vorbeigefahren.

Ausgelöst wurde der Extremschneefall durch eine sehr stabile Nordwestwetterlage. Über drei Wochen lang wehte der Wind in 5 bis 6 km Höhe aus Nordwest ziemlich direkt vom Nordmeer in Richtung Alpen. In diese Strömung wurden drei kräftige Tiefdruckgebiete eingelagert, die sich jeweils vor Island – über dem warmen Golfstrom – mit reichlich Feuchtigkeit versorgt hatten. Und die zogen mit dieser NW-Höhenströmung im einwöchigen Abstand ziemlich direkt auf die gleichen Berge zu: auf den Bereich Berner Oberland–Ostschweiz/Graubünden–Vorarlberg–Tirol.

Tiefs im Hochwinter sind flache Gebilde, reichen manchmal nur 4 bis 5 km hoch. Deshalb können sie auch nicht über die Alpen rüberspringen. Sie verschwinden erst, wenn sie sich vollständig aufgelöst haben, die ganze Feuchtigkeit in Form von Regen oder Schnee runtergefallen ist. Und so fiel aus jedem dieser drei Nordmeertiefs bis zu zwei Meter Schnee heraus. Deshalb blieb die Lawinengefahr auch über Tage und Wochen hinweg so hoch, weil ein Großteil der bis zu fünf Meter hohen Lawinenschutzgitter unter den Schneemassen verschwunden war.

Leise rieselt der Schnee

Text und Melodie von Eduard Ebel (1839–1905)

Leise rieselt der Schnee,
Still und starr liegt der See,
Weihnachtlich glänzet der Wald
Freue dich, Christkind kommt bald!

In den Herzen ist's warm;
Still schweigt Kummer und Harm.
Sorge des Lebens verhallt;
Freue dich! Christkind kommt bald!

's Kindlein, göttlich und arm,
Macht die Herzen so warm,
Strahle, du Stern überm Wald,
Freue dich, Christkind kommt bald!

Bald ist heilige Nacht,
Chor der Engel erwacht;
Horch nur, wie lieblich es schallt,
Freue dich, Christkind kommt bald.

Erster Versuch mit den neuen Attack Force

Thomas Mersch und Tobias Königshausen
(geb. 1970 bzw. 1971)

Pünktlich zu Nikolaus war es dann so weit. Der Dorfsee war zugefroren, und Andreas fragte mich, ob ich Lust hätte, mit ihm und Julia und dem Rest der Clique Schlittschuhlaufen zu gehen.

Im Prinzip hatte ich natürlich Lust. Schon seit Monaten. Auch hatte sich meine Beziehung zu Andreas normalisiert. Ich redete wieder mit ihm. Nicht, dass er es bemerkte. Das einzige Problem: Ich hatte zwar die coolsten Schlittschuhe der Stadt. Aber ich war noch nie mit ihnen gelaufen.

Man kann Jungen zwischen 12 und 16 eine ganze Menge vorwerfen. Rationales Verhalten gehört mit Sicherheit nicht dazu. Natürlich hätte ich auch an einem gottverlassenen Sonntagmorgen auf der Eislaufbahn üben können. Doch zu ihrem ersten Einsatz kamen meine Attack Force um halb zwei Uhr nachts auf dem Teich neben unserer Schule.

Getrieben von der Angst, ich könnte mich am nächsten Tag vor meinen Mitschülern und dem Rest der Welt bis aufs Mark blamieren, büchste ich mitten in der Nacht aus, um im fahlen Mondlicht zu üben. Was auch dringend nötig war. So viel vorweg: Wer Zeit seines Lebens mit geriffelter Vorderkufe gefahren ist, muss sehr vorsichtig sein, wenn er auf die glatte Variante umsteigt. Ist er es nicht, passiert Folgendes:

Der Körper erkennt das Gefühl, auf Eis zu stehen. Er gibt wie üblich den Befehl zur Beschleunigung durch Verkanten der Vorderkufe im Eis.

Dann stellt er fest, dass die Zacken fehlen.

Leider zu spät.

Die Kufen gleiten widerstandslos nach hinten.

Die Schwerkraft schlägt zu.

Als ich wieder zur Besinnung gekommen war, musste ich feststellen, dass ohne Zacken auch das Aufstehen nicht so einfach war. Die Kufen glitten nach hinten weg, und ich lag gleich noch mal auf der Nase. Das Ganze wiederholte sich eine Weile, bis mein Körper einsah, dass die alten Regeln nicht mehr galten.

Immerhin: Nach drei Stunden voller Bauchlandungen hatte ich einigermaßen herausgefunden, wie man mit glatten Kufen beschleunigt (und nach ein paar weiteren Bauchlandungen auch, wie man wieder bremst).

Die Mathearbeit am nächsten Tag ging weitgehend unbemerkt an mir vorbei. Ich war so müde, dass ich beim Nachhauseweg auf dem Fahrrad mehrfach in Sekundenschlaf fiel. Das Cliquentreffen auf dem Eis habe ich natürlich verschlafen.

Man darf am Wetter nie verzweifeln,
solange noch ein blauer Fleck am Himmel steht.
Arthur Schopenhauer (1788–1860)

Berlin im Advent

Ludwig Tieck (1773–1853)

Vierzehn Tage vor dem Fest begann der Aufbau, mit dem Neujahrstag war der Markt geschlossen, und die Woche vor der Weihnacht war eigentlich die Zeit, in der es auf diesem beschränkten Raum der Stadt am lebhaftesten herging und das Gedränge am größten war. Selbst Regen und Schnee, schlechtes und unerfreuliches Wetter, auch strenge Kälte konnten die Jugend wie das Alter nicht vertreiben. Hatten sich aber frische und anmutige Wintertage um jene Zeit eingefunden, so war dieser Sammelplatz aller Stände und Alter das Fröhlichste, was der heitere Sinn nur sehen und genießen konnte, denn nirgendwo habe ich in Deutschland und Italien etwas dem Ähnliches wiedergefunden, was damals die Weihnachtszeit in Berlin verherrlichte.

Am schönsten war es, wenn kurz zuvor Schnee gefallen und bei mäßigem Frost und heiterem Wetter liegen geblieben war.

Es regnete so stark, dass alle Schweine rein
und alle Menschen dreckig wurden.
Georg Christoph Lichtenberg (1742–1799)

100 Wörter für Schnee?

Die Inuit (Eskimos) am Polarkreis haben zur Verblüffung der restlichen Welt angeblich ca. 100 verschiedene Begriffe für Schnee. Da sie in so eisigen Breiten leben, ist es nur verständlich, wenn sie wesentlich genauer auf den jeweiligen Zustand von Schnee und Eis achten, als wir es in Mitteleuropa gewohnt sind. Für die Inuit ist das überlebenswichtig.

Ob es im Inuktit, der Sprache der Inuit, tatsächlich so viele Bezeichnungen zur Beschreibung ihrer frostigen Umgebung gibt, ist bei den Sprachforschern noch umstritten. Einig ist man sich jedoch, dass es eine ganze Menge Wörter mit stark abgestufter Bedeutung sind.

Im Folgenden eine kleine Auswahl, die zeigt, wie fein nuanciert und bildhaft das Inuktit Schnee definiert.

tla	*Schnee allgemein*
tlapa	*Pulverschnee*
tlamo	*besonders große und nasse Schneeflocken*
motla	*Schnee, den man im Mund hat*
kiksrukak	*glatter Schnee*
sillik	*hartgefrorener Schnee, der unter den Stiefeln knirscht*
illusaq	*Schnee zum Iglubau*
aniu	*Pappschnee*
aniuk	*Schneematsch*
sitifluquq	*Anhäufung von hartem Schnee*
quinaya	*Schnee, der mit dem Kot von Huskys vermischt ist*
nootlin	*Schnee, der sich nicht in Form pressen lässt*
tumarinyiq	*gekräuselte Schneewehe*
skriniya	*Schnee, der nie den Boden erreichen wird*
kannik	*Schneeflocke*
katiksunik	*leichter Schnee*
kaiyuglak	*Schnee mit gerippter Oberfläche*
hiryla	*Schnee, der in den Bärten der Männer hängen geblieben ist*
akillukkak	*weicher Schnee*
milik	*schmelzender Schnee*
ylaipi	*Schnee, der erst am nächsten Tag fallen wird*
gana	*rieselnder Schnee*
auksalak	*schmelzender Schnee*
mavsa	*Schnee, der irgendwo oben liegt und herabfallen kann*

Der Eisberg hat keine Zukunft.
Er lässt sich treiben.
Wir können den Eisberg
Nicht brauchen.
Hans Magnus Enzensberger (geb. 1929)

Aberglaube in den Zwölf Nächten

Eugen Mogk (19. Jahrhundert)

... Neben diesen Schicksalsfragen spielt aber noch heute in unserem Volksglauben die Beobachtung der Natur und der Erscheinungen während der Zwölf Nächte eine hervorragende Rolle. Auch durch sie erfährt man die Zukunft, nur werden hier die Geister nicht wie beim Los gefragt und um Auskunft angegangen, sondern sie offenbaren dem Menschen sein Geschick aus freiem Antrieb.

Was in den Zwölf Nächten geträumt wird, geht in Erfüllung; wenn in diesen Tagen heftiger Wind weht, gibt es ein fruchtbares Jahr; wenn die Obstbäume viel Schnee tragen, wird viel Obst; tropft es in dieser Zeit nicht von den Dächern, so geben die Kühe wenig Milch und dergleichen. So sind durch den Seelenglauben die Zwölf Nächte zu Schicksalstagen geworden, in denen der Mensch sein zukünftiges Los deutlicher erfahren zu können glaubt als zu anderer Zeit.

Kein Mensch denkt freilich heute noch daran, dass ihm die Geister die Zukunft künden. Von dem lebendigen Glauben ist nichts übriggeblieben als das Endergebnis: Die Zwölf Nächte künden dir dein Schicksal.

Das Winterwetter entscheidet, wie der Flachs wird

Vorbedeutung, ob der Flachs wohl gerate: Es observieren die Fichtelberger die drei Wintermonate, welcher die längsten und schönsten Eiszapfen trage, sonderlich die, die an Tropfrinnen unter den Dächern herabhängen. Wenn nämlich der Dezember schöne lange und einfache Eiszapfen mit sich bringt, soll man den Flachs früh im Frühling aussäen. Ist es aber so, dass sich im Januar solches zuträgt, so gerät die Mittelsaat wohl. Bei der gleichen Beobachtung im Februar ist die späte Saat am besten. Wenn die Eiszapfen jedoch zwieslig mit Nebenzapfen wachsen, dann soll der Flachs nicht schön, sondern ebenfalls zwieslig werden.

Zur kalten Mittagsstunde

Aus »Fräulein Smillas Gespür für Schnee«
Peter Høeg (geb. 1957)

Der Frost setzte im November ein. Ich habe Respekt vor dem dänischen Winter. Die Kälte – nicht die messbare, die auf dem Thermometer, sondern die erlebte – hängt mehr von der Windstärke und vom Feuchtigkeitsgrad der Luft ab als davon, wie kalt es ist. Ich habe in Dänemark mehr gefroren als je in Thule. Sobald die ersten klammen Regenschauer mir und dem November ein nasses Handtuch ins Gesicht peitschen, begegne ich ihnen mit pelzgefütterten Capucines, schwarzen Alpakaleggings, langem Schottenrock, Pullover und einem Cape aus schwarzem Goretex.

Dann fällt die Temperatur allmählich. Irgendwann hat die Meeresoberfläche minus 1,8 Grad Celsius, die ersten Kristalle bilden sich, eine kurzlebige Haut, die der Wind und die Wellen zu frazil Eis zerschlagen, das zu dem seifigen Mus verknetet wird, das man Breieis, grease ice, nennt; es bildet allmählich freitreibende Platten, pancake ice, das dann an einem Sonntag in einer kalten Mittagsstunde zu einer zusammenhängenden Schicht gefriert.

Ein sehr ungewöhnliches und unberechenbares Wetter
macht die Menschen auch gegen einander misstrauisch;
sie werden dabei neuerungssüchtig, denn sie müssen von
ihren Gewohnheiten abgehen. Deshalb lieben die Despoten
alle Länderstriche, wo das Wetter moralisch ist.
Friedrich Nietzsche (1844–1900)

Können wir Schnee riechen?

Karsten Schwanke

Schnee ist gefrorenes Wasser – und dieses, so würde es uns jeder Chemiker bestätigen, ist geruchlos. Also können wir auch das gefrorene Wasser, den Schnee, nicht riechen. So weit die Faktenlage aus dem Labor.

Aber viele Menschen sind der Ansicht, dass sie bevorstehenden Schneefall riechen können. Dass da »etwas« in der Luft liegt. Und genau das kann ich bestätigen, denn mir geht es ähnlich. In dem Moment, wenn die Kaltfront durchzieht, die Temperatur noch mal um zwei Grad absackt, der hellblaue Himmel zwischen den Wolken durchschimmert, der Wind auffrischt – dann rieche ich Schnee. Aber was ist es, das wir da riechen?

Eine Idee wäre, dass die Schneekristalle kleinste Duftpartikel, Staubteilchen eingeschlossen haben – und wir deshalb etwas riechen. Aber dagegen spricht, dass dieser »Gleich-kommt-der-Schnee«-Geruch vor dem Schneefall zu riechen ist und nicht erst, wenn die Flocken tanzen. Deshalb könnte eine andere Vermutung eher zutreffen: Wir reagieren auf den Geruch der kühleren Luft. Denn gerade beim Einfließen frischer, kühler Meeresluft, wenn gleichzeitig die Sichtweite besser wird, das Blau des Himmels eine arktische Farbe annimmt und einzelne weiße Haufenwolken am Himmel entlangziehen, dann können wir die Kälte riechen. Doch selbst dieser Satz müsste eigentlich so heißen: Dann können wir weniger riechen. Denn in kalter Luft können sich weit weniger Gerüche entwickeln als in wärmerer Luft. Deshalb reagieren wir eher auf die Reinheit der frischen Kaltluft – und verbinden dies in unserem Kopf – vielleicht aus Erfahrung – mit Schneefall.

Diese Idee ist ein wenig hypothetisch, aber es ist zumindest eine mögliche Erklärung. Das Thema ist jedoch weniger hypothetisch: Es geistert schon seit Jahrhunderten durch die Literatur, scheint also keine reine Einbildung von uns Neuzeit-Menschen zu sein.

Für die Wissenschaft ist das Phänomen des »Schneeriechens« jedenfalls noch ein ungelöstes Rätsel – umso leichter lässt sich damit spekulieren.

Sturm läutert die Luft.
Caspar David Friedrich (1774–1840)

Wir hatten Chemie, und ein Schüler meinte:
»Seht mal, es schneit!« Darauf sagte der Lehrer: „Könnt ihr bitte beim Thema bleiben.« Worauf der Schüler entgegnete:
»Da fliegen lauter Verbindungen durch die Luft.«
Anekdote aus dem Schulunterricht

Was trägt man im Winter?

Anton Andreas Velten (1775–1842)

Im Winter tragen Damen Kleider von sächsischem Merino, Circeassienne, Bombassin und Seide, Mäntel von feinem leichten Tuch von Circeassienne und Seide, mit und ohne Kappen, mit und ohne Ärmel, häufig auch mit mehreren Kragen. Die Landmädchen tragen Kleider von Wollentuch.

Besondere Unterleibsbedeckung findet nicht statt als bei kränklichen Personen, welche wohl Flanellbinden tragen. Ältere Damen tragen im Winter Hosen von feinem Flanell oder Barchent, alte Herren desgleichen.

Damen tragen Strümpfe von feiner Serget und Seide in schwarzer Farbe. Die Landmädchen tragen im Winter wollene und an Festtagen grobbaumwollene Strümpfe. Herren tragen feine wollene Strümpfe und Stiefel. Damen tragen im Winter Schuhe von gewöhnlichem, leichtem und von schwarzem, feinem lackiertem Leder, mit Pelz besetzt, auch wohl mit Sohlen von Filz oder Pferdehaaren,

wenn sie kränkeln oder alt sind. Auch Halbstiefel mit seidenen Fransen kommen zu dieser Jahreszeit häufig vor. Die Landmädchen tragen schwerere Schuhe im Winter und bei ihren häuslichen Arbeiten, im Sommer leichtere. Der gemeine Mann trägt im Winter Schuhe von schwerem Leder und an Festtagen Stiefel; der Landmann desgleichen, nur mit dem Unterschiede, dass seine Schuhe, so wie jene der dürftigen Klasse, mit Nägeln beschlagen sind.

... Im Winter sind (bei den Damen) schwarze Samt- und Seidenhüte mit schwarzen und weißen Federn an der Tagesordnung. Alte Damen tragen falsche Locken und Flechten von Haaren und Seide, Hauben und Hüte.

Also, der Schnee ist heute irgendwie warm ...

Sardinen im Anflug

Ein kurioses Wetterereignis wurde am 7. Februar 1989 aus Australien gemeldet. An jenem Tag tobte im Bundesstaat Queensland an der Küste ein Orkan. Dabei wurde ein Schwarm Sardinen in einem heftigen Aufwind aus dem Meer in die Luft hochgesaugt. Die Sardinen unternahmen eine Flugreise von rund 45 Kilometern, bis sie dann festes Land unter die Flossen bekamen und in dem Ort Ipswich zu Boden prasselten. Wie lange die Fische für den Flug benötigten, ist nicht bekannt; auch war nicht zu erfahren, ob es unter ihnen Überlebende gab.

Winter

Annette von Droste-Hülshoff (1797–1848)

Aus Schneegestäub und Nebelqualm
Bricht endlich doch ein klarer Tag;
Da fliegen alle Fenster auf,
Ein jeder späht, was er vermag.

Ob jene Blöcke Häuser sind?
Ein Weiher jener ebne Raum?
Fürwahr, in dieser Uniform
Den Glockenturm erkennt man kaum.
Und alles Leben liegt zerdrückt,
Wie unterm Leichentuch erstickt.
Doch schau! am Horizontes Rand
Begegnet mir lebend'ges Land.

Du starrer Wächter, lass ihn los,
Den Föhn aus deiner Kerker Schoß!
Wo schwärzlich jene Riffe spalten,
Da muss er Quarantäne halten,
Der Fremdling aus der Lombardei:
O Säntis, gib den Tauwind frei!

Mama, komm schnell, ist alles ganz staubig draußen.

Feststellung einer Zweijährigen
eines Morgens, als es in der Nacht leicht geschneit hatte

Die Lüge ist wie ein Schneeball.
Je länger man sie fortwälzt, desto größer wird sie.
Martin Luther (1483–1546)

Weltweite Wetterrekorde

Höchste Temperatur	57,3° C am 13.09.1922 in der Libyschen Wüste
Tiefste Temperatur	-89,2° C am 21.07.1983 bei der Station Wostok/Antarktis
Im Durchschnitt höchster Niederschlag im Jahr	11 684 l/qm am Mount Waialeale/Hawaii
Im Durchschnitt geringster Niederschlag im Jahr	0,8 l/qm in der Atacama-Wüste/Chile
Gemessener höchster Niederschlag im Jahr	26 461 l/qm in Cherrapunji/Indien (August 1860 bis Juli 1861)
Höchster Niederschlag in 12 Stunden	1340 l/qm am 28.02.1964 in Belouve/Réunion
Im Durchschnitt meiste Regentage im Jahr	325 Tage in Bahia Felix/Chile

Im nasskalten Gebirge

Georg Büchner (1813–1837)

Den 20. Jänner ging Lenz durchs Gebirg. Die Gipfel und hohen Bergflächen im Schnee, die Täler hinunter graues Gestein, grüne Flächen, Felsen und Tannen.

Es war nasskalt; das Wasser rieselte die Felsen hinunter und sprang über den Weg. Die Äste der Tannen hingen schwer herab in die feuchte Luft. Am Himmel zogen graue Wolken, aber alles so dicht – und dann dampfte der Nebel herauf und strich schwer und feucht durch das Gesträuch, so träg, so plump.

Er ging gleichgültig weiter, es lag ihm nichts am Weg, bald auf- bald abwärts. Müdigkeit spürte er keine, nur war es ihm manchmal unangenehm, dass er nicht auf dem Kopf gehn konnte.

Fassnacht auf dem Main

Frankfurter Jahrbücher

Von den wenigen Volksbelustigungen, welche sich aus der Vorzeit bis auf unsere Tage erhalten haben, gehört die Verfertigung eines Fasses auf dem zugefrorenen Main, welches demnächst in feierlichem Umzuge durch die Stadt geführt zu werden pflegt. Seit einem Zeitraum von beinahe anderthalb Jahrhunderten war jedoch nur drei Mal Veranlassung zu dieser Feierlichkeit angegeben.

Auf den Neujahrstag 1695 setzte sich nämlich das Eis am Main fest, und zu Ende des Januars stieg die Kälte bis auf 17 Grad. Am 5. Februar verfertigten die Küfergesellen und Lehrlinge zwei Fässer von zehn Ohm auf dem Main; damit zogen sie in der Stadt herum und erhielten von E. E. Rath ein Geschenk von 20 Reichstalern und eineinviertel Ohm Wein.

Hot Toddy

Ein Körper und Sinne wärmendes Getränk für eiskalte Tage ...

ZUTATEN:

4 cl Gin
2 cl frisch gepresster Zitronensaft
1 EL Zucker
kochend heißes Wasser

ZUBEREITUNG:

Wasser zum Kochen bringen. In der Zwischenzeit den Zitronensaft und den Zucker in ein hitzebeständiges Glas geben und verrühren. Den Gin angießen und umrühren. Kurz warten, bis das kochende Wasser nicht mehr sprudelt, und dann das Glas damit aufgießen. Nach Belieben nachzuckern.

Es ist kein übler Monat, dieser Februar,
man muss ihn nur zu nehmen wissen.
Wilhelm Raabe (1831–1910)

Geburt im Winter

Joseph Freiherr von Eichendorff (1788–1857)

Der Winter des Jahres 1788 war so streng, dass die Schindelnägel auf den Dächern krachten, die armen Vögel im Schlaf von den Bäumen fielen und Rehe, Hasen und Wölfe ganz verwirrt bis in die Dörfer flüchteten. In einer Märznacht desselben Winters gewahrte man auf dem einsamen Landschloss zu Lubowitz ein wunderbares, geheimnisvolles Treiben und Durcheinanderrennen, treppauf, treppab, Lichter irrten und verschwanden an den Fenstern, aber alles still und lautlos, als schweiften Geister durch das alte Haus. Mein Vater ging in dem großen, von einer Wachskerze ungewiss beleuchteten Tafelzimmer auf und nieder, von Zeit zu Zeit horchte er bald in die Nebenstube, bald in den tiefverschneiten Hof hinaus; dann trat er unruhig ans Fenster, hauchte die prächtigen Eisblumen von den Scheiben und betrachtete den weiten gestirnten Himmel. Die Konstellation war günstig. Jupiter und Venus blinkten freundlich auf die weißen Dächer, der Mond stand im Zeichen der Jungfrau und musste jeden Augenblick kulminieren. Da schlug plötzlich ein Hund an tief unten im Dorf, drauf wieder einer, immer mehrere und näher, eine Peitsche knallte und Pferdegetrappel ließ sich im Hofe vernehmen.

Endlich! – rief mein Vater, eilig vor die Haustür hinausstürzend. Eine auf Kufen gesetzte, festverschlossene, altmodische Karosse dunkelte aus dem dicken Dampf der Pferde, wie aus einem Zauberrauch, in welchem der Kutscher seine erstarrten Arme gleich Windmühlen hin und her bewegte. Bitte, Herr Doktor, – sagte mein Vater, selbst den Kutschenschlag öffnend –, Sie sind wohl gar drin eingeschlafen? – Auf Ehre, ein klein wenig, war die Antwort, und aus dem Wagen erstaunlich fix sprang zu aller Verwunderung, anstatt des erwarteten Doktors, ein langer, schmaler Kerl, den niemand kannte, in einer ganz knappen, verschossenen Livree, aus welcher beim hellen Mondschein sein Ellbogen glänzte, dass einem innerlich fror, wenn man ihn ansah. Mein Vater betrachtete ihn voller Erstaunen, der Fremde nahm schnell eine Handvoll Schnee und rieb sich damit die halberfrorne Nase, der Kutscher fluchte, der Schnee knirschte unter den Tritten, der Hofhund bellte – da wurde ich in der Stube neben dem Tafelzimmer geboren. Mein Vater, da er einen Kindsschrei hörte, blickte erschrocken nach dem Himmel: Der Mond hatte soeben kulminiert! Um ein Haar wäre ich zur glücklichen Stunde geboren worden, ich kam gerade nur um anderthalb Minuten zu spät, und zwar in der Konfusion mit den Füßen zuerst ...

Auf Skiern

Aus »Die Glasglocke«
Sylvia Plath (1933–1963)

Ich stand auf Mount Pisgah am Anfang der Skiabfahrt und sah hinunter. Ich war noch nie in meinem Leben Ski gefahren. Aber ich dachte, ich sollte die Aussicht genießen, wenn ich schon mal da war. Links von mir entließ der Schlepplift einen Skifahrer nach dem anderen auf den verschneiten Gipfel, der von dem vielen Hin und Her und nach der etwas auftauenden Mittagssonne so glatt und hart wie Glas geworden war. Die kalte Luft straffte meine Lungen und Stirnhöhlen mit visionärer Klarheit.

Zu beiden Seiten rasten die Skifahrer in roten und blauen und weißen Jacken die blendende Piste hinunter wie fliehende Teilchen einer amerikanischen Fahne. Vom Fuß der Abfahrt her spielte die imitierte Blockhütte ihre Schlager in den Überhang der Stille.

Wir schauen auf die Jungfrau
Aus unserem Haus für zwei ...

Das heitere Lied und das Dröhnen zogen wie ein unsichtbarer Bach in einer Schneewüste an mir vorbei. Eine sorglose herrliche Geste, und ich würde mich die Abfahrt hinabschleudern auf den kleinen khakifarbenen Fleck seitwärts unter den Zuschauern zu, der Buddy Willard war.

Den ganzen Vormittag hatte Buddy mir das Skifahren beigebracht. Zuerst lieh sich Buddy Ski und Skistöcke von einem Freund im Dorf, Skistiefel von der Frau eines Arztes, deren Füße nur um eine Nummer größer waren als meine, und eine rote Windjacke von einer Lernschwester. Erstaunlich, wie beharrlich er bei meiner Halsstarrigkeit war ...

Ein Rätsel

Hierbei handelt es sich angeblich um das älteste germanische Rätsel überhaupt, das uns bekannt ist.

Es kam ein Vogel federlos,
saß auf dem Baume blattlos,
da kam die Jungfer mundlos
und fraß den Vogel federlos
von dem Baume blattlos.

Auflösung: Schnee und Sonne

Weiße Ostern sind gewiss

Otto Ludwig (1813–1885)

Reudnitz, den 9. März 1845

Mein Mädchen!

Es scheint, als wollt es diesmal gar nicht Frühling werden. So viel Schnee hat in dem alten Leipzig und so lange selten gelegen. Vor meinen Fenstern schellt und klatscht es unaufhörlich. In der Stadt ist man besonders abends seines Lebens nicht sicher vor Schlitten, die von allen Seiten, auch wie geschneit, auf einen loskommen. Weiße Ostern sind uns dies Jahr gewiss. Wenn nur ein schöner Sommer darauf folgt. […]

Bleib gut Deinem Otto.

Aussichten – Der Klimawandel verändert unsere Erde

Karsten Schwanke

Das vorliegende Buch ist eine unterhaltsame Sammlung von Anekdoten (aus der Vergangenheit), die Wetterphänomene sind spannend und faszinierend zugleich, und – zumindest mir geht es so – ich ertappe mich oft bei dem Gedanken: »Mehr davon!«

Doch ein Thema – letztlich das Thema der Zukunft – haben wir in diesem Buch ausgeklammert. Dieses Thema wird uns von allem so viel mehr bescheren, dass wir am Ende froh sein können, wenn wir diese Veränderungen halbwegs unbeschadet überstehen: den weltweiten Klimawandel.

Viele Zeitgenossen würden mir allein den letzten Satz um die Ohren hauen und Panikmache vorwerfen. Doch die Faktenlage hat sich in den letzten zehn Jahren gewaltig geändert – die Richtung der Klimadiskussion auch. Wurde Anfang der 90er-Jahre in vielen Kreisen noch immer über die Tatsache als solche diskutiert, ob wir es denn wirklich mit einer Erwärmung zu tun hätten, so steht diese Frage heute nicht mehr auf der Tagesordnung. Selbst die Hauptschuld des Menschen (in erster Linie durch das Verbrennen von Erdöl, Gas und Kohle) wird kaum mehr bezweifelt. Heute geht es nur noch darum, die Höhe der Erwärmung und ihre Folgen abzuschätzen.

Dies abzuschätzen ist nicht trivial, weil viele Prozesse durch Rückkopplungen verstärkt werden – und oftmals kleine Veränderungen wesentlich größere Folgen nach sich ziehen. Doch alle Messergebnisse, die die Klimaforscher seit dem Jahre 2000 sammeln, deuten darauf hin, dass wir unsere Prognosen über die Erwärmung eher nach oben korrigieren müssen. Ein Beispiel: das Abschmelzen des grönländischen Inlandeises.

Noch vor wenigen Jahren gingen Wissenschaftler davon aus, dass dieser Abschmelzprozess relativ langsam vor sich geht. Der Eispanzer ist in der Mitte Grönlands mehr als 3000 Meter mächtig – in diesen Höhen herrschen auch im Hochsommer dauerhaft frostige Temperaturen. Jeglicher Niederschlag fällt als Schnee und erhöht sogar noch die Eisdecke. Bei einer Erwärmung des Nordatlantiks würde es mehr Niederschläge geben – die Schneefälle also zunehmen – und sich der Eispanzer eventuell noch erhöhen? So sahen zumindest einige, mögliche Szenarien aus. Doch die Realität, wie sie sich uns in den letzten Jahren präsentiert, lässt das genaue Gegenteil vermuten. Die warmen Sommer lassen nicht nur das Eis am Rande schmelzen, sondern sogar schon bis in Höhen um 2000 bis 2500 Meter. Ein Großteil des Eises wurde in den letzten Jahren angeknabbert. Hunderte von Kubikkilometer pro Jahr sind verschwunden! Als Folge fließen die Gletscherströme, die sich in Richtung Meer bewegen, mit immer höheren Geschwindigkeiten. Als nächstes Resultat erwarten die Wissenschaftler, dass die GPS-Messungen an den Forschungsstationen im Inlandeis eine dünner werdende Eisdecke anzeigen – auch in den dauerfrostigen, hoch gelegenen zentralen Bereichen. Wenn die Forschungsstation »Summit«, heute noch 3200 Meter über dem Meeresspiegel, in 50, 100 oder 150 Jahren nur noch auf einem 2500 Meter dicken Eispanzer liegen würde, dann taut es auch dort oben. Denn in dieser Höhe würden im Sommer Plusgrade gemessen – und das Abschmelzen des gesamten grönländischen Eises (und nicht nur der Randregionen) würde sich noch stärker beschleunigen. Einige Wissenschaftler halten es heute für möglich, dass das Grönlandeis in den nächsten Jahrhunderten völlig verschwinden könnte. Neben den großen Veränderungen im nordatlantischen Wettergeschehen, die das Fehlen dieses Eiskolosses verursachen würde, wäre ein Meeresspiegelanstieg um sieben Meter – weltweit! – vorprogrammiert.

Das Beispiel Grönland ist jedoch nur ein Baustein im weltweiten Klimapuzzle. Wir sind gerade erst dabei, den Rand des Puzzles zusammenzubauen. Eines aber wird jetzt schon deutlich: Die wichtigste Aufgabe, der wir uns stellen müssen, ist eine komplette Abkehr vom CO2-Ausstoß. Wir brauchen endlich den forcierten Einstieg in erneuerbare Energien. Die Techniken dazu sind heute schon vorhanden. Billiger ist es allemal, heute zu reagieren, um die Erwärmung zumindest abzufedern – als sich allein auf Anpassungsmaßnahmen zu verlassen.

Literatur- und Quellenhinweise

Carroll, Lewis: *Sylvie und Bruno. Eine Historie. Stiefel für horizontales Wetter.* Übersetzt von Dieter H. Stündel, © Dr. Dieter H. Stündel
Cavazzoni, Ermanno: Cesare Lombroso. In: Ders.: *Kurze Lebensläufe der Idioten. Kalendergeschichten.* Übersetzt von Marianne Schneider. © Wagenbach Verlag, Berlin 2005, NA 1998
Comedian Harmonists: *Veronika, der Lenz ist da.* Musik: Walter Jurmann, Text: Fritz Rotter, © 1930 Wiener Bohème Verlag GmbH (EMI Music Publishing Germany)
Hesse, Hermann: Schönheit und Schwermut der Wolken. In: Ders., *Sämtliche Werke.* © Suhrkamp Verlag, Frankfurt/M. 2002
Høeg, Peter: *Fräulein Smillas Gespür für Schnee.* Aus dem Dänischen von Monika Wesemann. © Carl Hanser Verlag, München, Wien 1994
Lostage statistisch geprüft. © Wetterstation Göttingen. Weitere Informationen unter www.wetterstation-goettingen.de/lostage
Mersch, Thomas und Tobias Königshausen: Attack Force. In: Sonderhüsken, Timothy (Hg.): *Im Schrank. Über Lieblingsstücke, Fehlkäufe und das Tao des modernen Schuhwerks.* © Knaur Taschenbuch Verlag, München 2004
Munger, Katy: *Beinarbeit. Ein Fall für Casey Jones.* Übersetzt von Thomas Appleton. © Unionsverlag, Zürich 2001
Musil, Robert: *Der Mann ohne Eigenschaften.* © Rowohlt Verlag, Reinbek 2006
Plath, Sylvia: *Die Glasglocke.* Übersetzt von Christian Grote. © Suhrkamp Verlag, Frankfurt/M. 1978
Salter, James: *Ein Spiel und ein Zeitvertreib.* Übersetzt von Beatrice Howeg. © Berlin Verlag, Berlin 1998
Schmidt, Harald: Rasen mähen. In: Ders., *Quadrupelfuge. Variationen über 4 Themen auf 240 Seiten.* © Kiepenheuer & Witsch, Köln 2002
Ulitzkaja, Ljudmila: Eine Naturerscheinung. In: Dies., *Die Lügen der Frauen.* Aus dem Russischen von Ganna-Maria Braungardt. © Carl Hanser Verlag, München und Wien 2003
Der UV-Index. © Bundesamt für Strahlenschutz, Salzgitter. Weitere Informationen unter www.bfs.de/uv